Erste Seite:
Einlegearbeiten mit Perlmutt für Möbel, Kästchen, Spielbretter oder als Fassadenschmuck erfreuen sich in Syrien einer langen Tradition und werden in Damaskus jenseits des östlichen Tempeltors, an der Sharia Quaimariyya, heute noch hergestellt.

Vorherige Seite:
Erst über einen Torturm, eine Brücke und einen weiteren Torbau gelangt man in die vom Ibn Jubair als „unbezwingbar" gerühmte Zitadelle von Aleppo, die zu den schönsten Festungsbauten des Nahen Ostens zählt. Mit dem mächtigen Portal versuchte der Ayyubiden-Sultan Zahir Ghazi den neuen Anforderungen des Festungskampfes der Kreuzritter-Zeit gerecht zu werden.

Unten:
Vom Rührlöffel bis zum Handbesen und von der Gebetskette bis zum Spazierstock bietet die Holzwerkstatt in der Geraden

Reise durch

SYRIEN

Bilder von
Max Galli

Texte von
Maria Mill

Stürtz

Straße von Damaskus alles, was das Herz der fleißigen syrischen Hausfrau und das ihres müßiggängerischen Gatten begehrt.

Seite 10/11: *Von der arabischen Burg Qal'at ibn Maan hat man einen beeindruckenden Blick über die Ruinenstätte Palmyra, Gertrude Bells „wunderbare Geisterstadt", mit ihrer großen Säulenstraße, dem Baal-Tempel und den im Hintergrund sich erstreckenden Palmenhainen.*

Inhalt

Fürstlich speisen in noblem Ambiente lässt es sich in den vielen Restaurants der Damaszener Altstadt zwischen Suq al-Hamidiye und Bab Tuma, die vor allem in den letzten Jahren in schön restaurierten osmanischen Bürgerhäusern eröffnet wurden.

Ein „Schurkenstaat“? Oder die „Wiege der Kulturen“? Ein Land jedenfalls, in dem „jeder Acker voll von Weltgeschichte“ ist und ein „einstündiger Spaziergang durch sechs Jahrtausende führt“ (Rene Gardi), mit einer Hauptstadt, bei deren klangvollem Namen – Damaskus – sich unwillkürlich Assoziationen von Orient und Tausendundeine Nacht einstellen! Dies sind so die landläufigen Vorstellungen über Syrien. Trifft in diesem Falle das Uralt-Klischee von der „schönen märchenhaften Vergangenheit und der hässlichen Gegenwart“ tatsächlich einmal zu? Eines zumindest ist klar: Bis heute ist Syrien auch für die Vielreiser unter den Europäern ein weitgehend unbekanntes Land. Gelegen am Scheitelpunkt des vom Nil bis in den Irak sich erstreckenden Fruchtbaren Halbmonds, zwischen Mittelmeer und Mesopotamien, hat Syrien teil an den unterschiedlichsten Landschaften, die von den mediterranen Küstenebenen und -gebirgen bis zu den Flussoasen des Euphrat und Khabur sowie der sie umgebenden Wüste, und vom nordsyrischen Kalksteinmassiv bis zum Basaltplateau des Hauran an der jordanischen Grenze reichen.

Apropos Grenze: Die Grenzen ihres Landes sind ein Thema, das Syrer alles andere als kalt lässt. Nicht umsonst wurde hier der arabische Nationalismus erfunden. Und die Selbstdefinition ist nicht ganz unkompliziert. Bis zum Ersten Weltkrieg verstand man unter ash-Sham, wie der überall (als Hotel- oder Restaurantname) begegnende arabische Name Syriens lautet, ein Gebiet von der fast doppelten Größe des heutigen Staatsgebiets, das über dieses hinaus auch die Nachbarstaaten Libanon, Palästina sowie Transjordanien (heute Jordanien) einschloss. Dieses ash-Sham (oder Großsyrien), das auf Altarabisch soviel wie „Norden“ bedeutet und den „Norden Arabiens“ meinte, entsprach der bis 1920 bestehenden osmanischen Provinz Suriya, die Briten und Franzosen nach dem Ersten Weltkrieg entgegen den den arabischen

Nationalisten gemachten Hoffnungen auf einen eigenen Staat in eine britische und eine französische Einflusssphäre aufgeteilt hatten. Dies empfinden die Syrer bis heute als Verrat, wobei die Frankreich anzulastende Abtretung des arabischsprachigen Sandjak (des Gebietes um Antakiya) an die Türkei, die bis heute nicht anerkannt wird, sowie die Besetzung der Golanhöhen durch Israel seit 1967 besonders schmerzt. Mit solchen Fakten im Hinterkopf ist Syriens politisches Handeln der letzten 50, 60 Jahre vielleicht leichter nachzuvollziehen.

Junger Staat – uralte Geschichte

Mit seinen etwas mehr als 60 Jahren ist Syrien ein junger Staat, mit seinen etwas mehr als 20 Millionen Einwohnern, von denen ein Drittel weniger als 15 Jahre zählt, ein junges Land. Doch nicht deswegen zog und zieht es westliche Besucher an. Attraktiv für den klassischen Bildungsreisenden war von jeher nicht das junge, sondern das uralte Syrien, jene „Äcker voll von Weltgeschichte". Erste dörfliche Siedlungen wie etwa die des im Assad-See untergegangenen Tell Mureibit entstanden hier bereits vor 10 000 Jahren, als im Bereich des Fruchtbaren Halbmonds die sogenannte „Neolithische Revolution" stattfand, jener durch einen allmählichen Klimawandel ermöglichte Übergang von einer Jäger- und Sammlerkultur zu einer von Viehzüchtern und Ackerbauern. Aus diesen Anfängen entwickelten sich schon etwa 1400 Jahre später bedeutende Siedlungen wie Ugarit am Mittelmeer (6600 v. Chr.), Mari am Euphrat (4500 v. Chr.), oder auch Ebla in Nordsyrien, die sich zu kulturell, religiös und politisch eigenständigen Städten beziehungsweise Stadtstaaten mit glanzvollen Palästen und Tempeln entwickelten. Diese Städte wurden durch den Ansturm der Akkader um 2350 und der Babylonier um 1750 v. Chr. zerstört, teilweise wiederaufgebaut oder auch verlassen, wobei das syrische Gebiet unter den Fremdherrschern jedoch zum ersten Mal politisch geeint war.

Schon damals begann Syrien, seine weltpolitische Rolle zu finden: Immer wieder geriet es aufgrund seiner reichen Siedlungen in den Blick expansiver Nachbarn, die mit militärischer Gewalt Kontrolle über das Land anstrebten – so dass es sich zum klassischen Durchgangsland und exemplarischen Schauplatz kultureller Wechselbeziehungen entwickelte. Denn seit dem 2. Jahrtausend v. Chr. war der östliche Mittelmeerraum wichtigste Zone des Kontakts und des materiellen wie geistigen Austauschs. Mesopotamische Fürsten schlugen in den Küstengebirgen Bauholz für ihre Paläste, die Hethiter zogen den Euphrat hinab nach Babylon. Um 1500 v. Chr. stießen ägyptische Pharaonen in

Nordsyrien mit dem Staat von Mitanni zusammen. Und um 1400 kam es bei Homs zwischen den wichtigsten Großmächten der damaligen Zeit, Ägyptern und Hethitern – in ihrem Ringen um die Herrschaft über Syrien – zur berühmten Qadesch-Schlacht. Ab dem 9. Jahrhundert wurde Syrien nacheinander von den Assyrern (die ihm seinen Namen gaben), dem Neubabylonischen Reich und schließlich den persischen Achämeniden erobert.

Mutter europäischer Schriften

Doch Syrien war aufgrund seines Reichtums nicht nur Brücke und Begegnungsort für fremde Heere und Kaufmannskarawanen, sondern auch Schmelztiegel von Völkern. Hurriter, indogermanische Hethiter, Ägypter, Händler aus der Ägäis, Angehörige der Seevölker und Aramäer stießen hier nicht nur kriegerisch aufeinander, sondern lernten voneinander, vermischten sich und brachten eine ungeheure ethnische und sprachliche Vielfalt hervor. Eine der größten Leistungen der sich aus so vielen Wurzeln nährenden syrischen Kultur war die Ausbildung einer linearen Alphabetschrift, die um 1200 v. Chr. in Ugarit in ein Tontäfelchen geritzt wurde. Von den Phöniziern an die Griechen weitergegeben, wurde sie dann zur Mutter der meisten europäischen Schriften.

333 v. Chr. besiegte Alexander der Große in der Schlacht bei Issos den Perserkönig Dareios, und nach Alexanders Tod wurde Syrien 323 Teil des Diadochenreiches des Seleukos, welcher seine aus Antiocheia, Laodikeia, Seleukeia und Apameia bestehende Tetrapolis im Norden Syriens gründete und sein bis nach Indien reichendes Gebiet von Antiochia aus regierte. Von den alten phönikischen und neuen seleukidischen Häfen trieb man Handel mit dem gesamten Mittelmeerraum. In den alten Zentren fand eine Hellenisierung statt (aus Halab etwa wurde Beroia, aus Dimashq Damaskos), doch der entgegengesetzte Einfluss, die Orientalisierung der Griechen und insbesondere ihrer Götterwelt, war womöglich noch stärker. Innere und äußere Feinde (Ägypter, Parther, Nabatäer) schwächten schließlich die seleukidische Monarchie, so dass 63 v. Chr. die neue Macht im Westen, Rom, in Gestalt ihres Feldherren Pompejus dem seleukidischen Staat den Todesstoß versetzen konnte.

Syrien wurde nun eine Provinz des Römischen Reiches und rückte aus dem Zentrum, das es unter den Seleukiden gewesen war, an den Rand des Imperiums. Dennoch spielte das Land weiterhin eine maßgebende und einflussreiche Rolle. Mit der aus einer Priesterfamilie von Emesa (Homs) stammenden Julia Domna wurde eine Syrerin Gattin des Kaisers Septimius Seve-

Schon vor mehr als 5000 Jahren ließen sich auf der Zitadelle von Apameia Menschen nieder. Die Blütezeit der Stadt setzte aber erst unter dem Diadochen Seleukos I. Nikator ein, der sie nach seiner Gattin Apama neu benannte und mit einer Kriegsschule versah. Die Lage im fruchtbaren Ghab-Becken begründete auch noch in römischer, byzantinischer und islamischer Zeit den Reichtum Apameias, das erst nach dem schweren Erdbeben von 1157 – bis auf eine Burgsiedlung – verwaiste.

rus und beeinflusste diesen zugunsten ihres Landes, was bald eine neue wirtschaftliche und kulturelle Blüte zur Folge hatte. 218 bestieg ein ehemaliger Priester des Baal von Emesa, der als Elagabal in die Geschichte einging, sogar selbst den römischen Kaiserthron, und 244 gelangte ein weiterer arabischer Syrer, Philippus Arabs aus Shahba, an die Spitze des Imperiums. Die durch starke Grenzbefestigungen in der syrischen Steppe gesicherte Pax Romana ermöglichte eine Erweiterung des Handels und der landwirtschaftlichen Anbauflächen, förderte die ungestörte ökonomische Entfaltung, die durch den Ausbau des Straßennetzes noch verbessert wurde. Antiochia entwickelte sich zur – nach Rom und Alexandria – drittgrößten Stadt des Reiches, und Palmyra, Apameia, Bosra sowie Damaskus wurden weiter ausgebaut.
Mit den Erfolgen des syrischen Fürsten Odainat von Palmyra, der im dritten Jahrhundert n. Chr. die verstärkten Einfälle der sassanidischen Perser zurückschlug, schien sich die einmalige Chance für den Aufstieg einer weiteren arabischen Dynastie zu bieten. Dann jedoch wurde der zum Kaiserstellvertreter ernannte Odainat auf einem Feldzug nach Kleinasien 267 ermordet, seine Witwe Zenobia übernahm für ihren Sohn die Regierung, eroberte kurz darauf Syrien und Ägypten, um schließlich 272 doch noch von Kaiser Aurelian besiegt zu werden.

Byzantinische Herrschaft

395 fiel die Provinz Syria bei der Teilung des Römischen Reichs an Ostrom, das alte Byzanz, das inzwischen Konstantinopel hieß. Auch unter byzantinischer Herrschaft prosperierte das Land, allerdings bewirkten die Steuerlasten und die Ausweitung der Exportkulturen Wein und Oliven, dass ein Teil der Bauern verarmte. Die Unsicherheit ließ viele Syrer Zuflucht beim Christentum suchen, das zumindest ein besseres Leben im Jenseits versprach und seit der Bekehrung Kaiser Konstantins im Jahr 313 Staatsreligion war. Die vielen christlichen Basiliken sind Zeugen dieser Epoche.

Treffpunkt von Lebenskünstlern, Studenten und Touristen ist das Café Naufara auf der Ostseite der Omayyadenmoschee in Damaskus – gelegen am Beginn der malerischen Sharia al-Quaimariyya, wo man sich – sommers wie winters – jeden Abend Punkt sechs vom Hakawati, dem orientalischen Geschichtenerzähler, unterhalten lassen kann.

Im Laufe des 7. Jahrhunderts fielen erneut die Perser in Syrien ein, eroberten Damaskus und schließlich sogar Ägypten. Kaum aber hatte Kaiser Heraklion sie mithilfe der christianisierten arabischen Ghassaniden zurückgeschlagen, zog im Süden bereits eine neue Gefahr auf. Unter dem General Khalid ibn al-Walid erschienen die Heere des erst vierzehn Jahre zuvor durch den Propheten Mohammed begründeten Islam an der Grenze Ostroms und eroberten nach der Schlacht am Yarmuk 636 das byzantinische Syrien. Rasch wurde das Land in das Kalifat integriert, und schon 661 verlegte der Omayyade Muawiya seine Hauptstadt von Medina nach Damaskus. Syrien wurde das neue Kernland des Reiches, das sich Anfang des 8. Jahrhunderts bereits über ganz Nordafrika bis nach Spanien und im Osten über Persien bis nach Indien erstreckte. Die berühmten Bauten der Omayyaden, vor allem die große Moschee in Damaskus mit ihren „byzantinischen" Goldmosaiken oder die Wüstenschlösser in ganz Großsyrien, verraten, wie sehr sich die muslimischen Herrscher bemühten, an Prunk und Repräsentation Roms anzuschließen beziehungsweise die Bauleistungen der Römer und Byzantiner zu überbieten. Nachdem die neue Abbasidendynastie ihre Hauptstadt nach Bagdad verlegt hatte, geriet Damaskus ins Hintertreffen und das Land im Laufe des 10. und 11. Jahrhunderts nacheinander unter die Herrschaft der Hamdaniden, der ägyptischen Fatimiden und schließlich der türkischen Seldschuken, so dass es, als die Kreuzfahrer in seinem Norden auftauchten, schwach und zersplittert war.

Die Spuren der Kreuzritter

1095 hatte Papst Urban II. die abendländische Christenheit mit der Losung „Gott will es" zur Befreiung des Heiligen Landes aufgerufen, worauf sich Hunderttausende von fränkisch-normannischen Rittern aufmachten und auf ihrem Weg Städte wie Antiochia, Aleppo, Apameia oder Jerusalem eroberten, plünderten und eine grässliche Blutspur zogen. Unterwegs aber gründeten die Kreuzzügler auch Staaten, wie die Grafschaften Edessa und Tripolis, das Fürstentum Antiochia und schließlich das König-

reich Jerusalem. Sie bauten oder übernahmen eine ganze Kette von Burgen; die fränkisch-byzantinisch-muslimische Burg wurde zum „Leitfossil" der Kreuzritterzeit in Syrien.
Viele der muslimischen Herrscher hatten sich mit den Kreuzfahrern schon arrangiert und ihnen zeitweise sogar Tribute gezahlt, als der Atabeg Imad ad-Din Zangi aus Mossul 1128 Aleppo einnahm und 1144 mit dem Sieg über Joscelin von Edessa die Rückeroberung des islamischen Gebiets einzuleiten begann. Sein Sohn Nur ad-Din setzte den Kampf fort, vereinigte bereits das gesamte muslimische Syrien und den Nordirak, und 1168 konnte sein General Sirkuh sogar Ägypten besetzen. Der Nachfolger Sirkuhs aber, Saladin (Salah-ad-Din), ein in Tikrit geborener Kurde, wurde zu einer der großen, legendären Gestalten der islamischen Geschichte. Nachdem er 1171 die Fatimiden in Kairo gestürzt und seine eigene Ayyubiden-Dynastie begründet sowie anschließend Syrien und große Teile des Iraks eingenommen hatte, bereitete er 1187 in der Schlacht von Hattin am See Genezareth den Kreuzzüglern die entscheidende Niederlage. Er vertrieb sie aus Palästina und drängte sie an die Küste zurück, wo die letzten von ihnen gut hundert Jahre später dem Mamlukensultan Chalil weichen mussten.
Um 1400 wurde das wirtschaftlich wieder aufgeblühte Land ein zweites Mal (nach 1299) von den Mongolen verwüstet, die zwar nicht lange blieben, aber viele junge, waffenfähige Männer und Kunsthandwerker nach Zentralasien verschleppten, was einen neuerlichen wirtschaftlichen Niedergang einleitete. Andererseits bewirkten der im Irak und in Iran tobende Mongolensturm und die in Spanien stattfindende Reconquista auch den Zustrom vieler flüchtender Gelehrter und machten Syrien zu einem Schmelztiegel islamischer Kultur.
1516 fiel der letzte Mamlukensultan Qansu al-Ghauri bei Aleppo gegen die Truppen Selims des Gestrengen, und Syrien ergab sich fast kampflos den Osmanen, die dann die nächsten vierhundert Jahre dort regierten. Die osmanischen Herrscher zeigten sich an Syrien eher desinteressiert. Nur die Städte, allen voran Aleppo, konnten sich als wichtige Handelszentren, Damaskus darüber hinaus auch als Pilgerstadt, behaupten. Die hier vom Meisterarchitekten der Osmanen, Sinan, errichtete Tekkiye gilt als die schönste Karawanserei an der Pilgerstraße nach Mekka und als bedeutendstes Baudenkmal der osmanischen Provinzen.

Franzosen und Engländer

Napoleons Expedition nach Ägypten und dem Nahen Osten – nach Alexander, Pompejus und den Kreuzrittern, der vierte europäische Griff

Auf einem Ausläufer des Alawitengebirges in 750 Metern Höhe thronend, beherrscht der Krak des Chevaliers die Homs-Pforte, einen strategisch und wirtschaftlich wichtigen Pass, der seit jeher das Mittelmeer mit dem Landesinnern verband. Die 1102 von Tankred von Antiochia eroberte einstige Kurdenburg verkörpert mit ihrer Kombination von Donjon, Bastei und Zwingermauer einen neuen Festungsbautypus, der wegweisend wurde. 1927 von der Mandatsmacht Frankreich erworben, saniert und rekonstruiert, gehört der Krak heute zum Weltkulturerbe der Menschheit.

nach dem Orient – stärkte den Einfluss der Europäer, führte unter anderem zur Einrichtung französischer und englischer Schulen und zur Verunsicherung der traditionellen Eliten. 1860 intervenierte das sich schon vorher als Schutzmacht der Christen gerierende Frankreich zugunsten seiner Schützlinge im Libanon und in Damaskus, wo es zu Massakern an Christen gekommen war. Zwischen 1900 und 1909 wurden die Bagdad- und die Hedjas-Bahn gebaut, quasi der deutsche Beitrag zum europäischen Imperialismus, welcher den Ausbruch des Ersten Weltkriegs mitverursachte. Während des Krieges gerieten Syrien und die Araber nun erst recht in die Auseinandersetzungen zwischen den von Frankreich und England angeführten Entente-Mächten und dem sogenannten Vierbund (den Mittelmächten). Das Land wurde zum Aufmarschgebiet osmanisch-deutscher Truppen und Damaskus entwickelte sich zum Zentrum des arabischen Nationalismus.

Inzwischen hatte der britische Hochkommissar Arthur Henry MacMahon den Arabern, das heißt Hussein, dem Scharifen von Mekka, einen unabhängigen Staat versprochen, welcher die Gebiete des heutigen Irak, Saudiarabiens, Jordaniens, Syriens, des Libanon und Palästina/Israels mit Ausnahme der Gebiete westlich von Aleppo, Hama, Homs und Damaskus umfassen sollte, sofern Hussein die Engländer militärisch unterstützte. Während aber der britische Geheimagent Thomas Edward (T. E.) Lawrence mit Husseins Sohn Feisal Anschläge auf die Hedjas-Bahn durchführte und die Deutschen bekämpfte, einigten sich Frankreich und England im geheimen Sykes-Picot-Abkommen bereits 1916 über eine Aufteilung des arabischen Territoriums und sagte England 1917 in der Balfour-Deklaration darüber hinaus dem jüdischen Volk eine Heimstatt in Palästina zu.

1918 eroberten englisch-arabische Verbände Palästina und Syrien, und Frankreich verlangte und erhielt ein Mandat des Völkerbundes über

Syrien. Als jedoch der Allgemeine Syrische Kongress Feisal 1920 zum König von „Großsyrien“ proklamierte, besetzen französische Truppen, die sich zunächst auf die im Sykes-Picot-Abkommen zugesagte Levanteküste beschränkt hatten – zum Schutz der Christen, wie es hieß – Aleppo und Damaskus. Nachdem der hintergangene Sohn des Scharifen, Feisal, und sein Bruder Abdullah von den britischen Freunden mit einer Art Marionetten-Regime über den Irak beziehungsweise Transjordanien abgespeist worden waren, wurde das französische Mandatsgebiet vollständig von französischen Truppen besetzt.
Nicht nur das den Arabern und Syrern gegebene Versprechen auf den eigenen Staat brachen die Europäer, die Mandatsmacht Frankreich betrieb obendrein eine Politik des „Teile und Herrsche“, indem sie das Land in vier Staaten aufzuteilen versuchte, was 1925 zu einem Aufstand der Drusen und der Bombardierung Damaskus' durch die Franzosen führte. Aufgrund des anhaltenden innersyrischen Widerstands und britischen Drucks kam zwar schließlich doch noch ein vereinigtes Syrien zustande, vermindert allerdings um den Sandjak von Alexandrette, das Gebiet um Antakiya, welches die Franzosen 1939 an die Türken abtraten – was die Syrer ihnen bis heute nicht verziehen haben. Nach einem letzten Bombardement der Hauptstadt entließ Frankreich das Land 1946 in die Unabhängigkeit.

Republik Syrien

Mit ihren willkürlichen Grenzziehungen, der Enttäuschung syrischer und arabischer Hoffnungen auf einen arabischen Staat ließen die Westalliierten Syrien und seine Nachbarn in einer Situation zurück, in der die Konflikte der folgenden Jahrzehnte bereits angelegt waren. Die ersten Jahre der jungen syrischen Republik waren folglich eine Periode der Instabilität, die durch die Niederlage von 1948 gegen Israel noch verstärkt wurde. Missglückte panarabische Experimente wie die Vereinigung mit Ägypten 1958 bis 1961 und wirtschaftliche Probleme schürten weitere Unzufriedenheit, und nach dem zweiten Putsch syrischer Offiziere gelangte 1963 die Baath-Partei an die Macht.
Aus jahrelangen Machtkämpfen in der Baath-Partei ging 1970 – drei Jahre nach dem verlorenen Sechstagekrieg gegen Israel und dem Verlust des Golan – der Alawit Hafiz al-Assad als Sieger hervor. Auch dies ein Sieg, der nur vor dem Hintergrund der französischen Kolonialpolitik denkbar war, die in Bergdörfern lebende Minderheitensekten wie Alawiten und Drusen vor allem im Militär gefördert hatte und aufsteigen ließ, um sie gegen die städtischen sun-

Rechts oben:
Aus Rosenblüten wird nicht nur Rosenwasser und Rosenöl gewonnen, man kocht auch Marmelade und Tee oder verwendet sie als Gewürz in süßen und pikanten Speisen, weshalb die getrockneten Rosenknospen auf keinem syrischen Markt fehlen dürfen.

Rechts unten:
Nüsse und Körner, wie sie gerne zum Drink gereicht werden, die man aber auch auf der Straße aus der Zeitungstüte knabbert, haben dem Suq Bzuriye in Damaskus, was soviel wie Samen- oder Körnermarkt heißt, seinen Namen gegeben.

nitischen Eliten auszuspielen. Al-Assad, „der Löwe", der als „Fuchs" galt, gelang es, seine innenpolitische Macht auszubauen und zu festigen, indem er jeden islamistischen Widerstand erbarmungslos niederschlagen ließ (etwa 1982 die Altstadt von Hama bombardierte, wobei 20 000 Menschen ums Leben gekommen sein sollen), andererseits aber – obwohl er überzeugter Laizist war – in die Verfassung schrieb, dass der Präsident Muslim sein müsse. Außenpolitisch kämpfte er gegen die Isolation seines Landes und strebte vor allem das strategische Gleichgewicht mit Israel an. 1991 beendete Assad den libanesischen Bürgerkrieg, indem er syrische Truppen dort einmarschieren ließ, die sein Sohn erst nach dem Mord an Rafiq Hariri im Jahr 2005 auf internationalen Druck wieder abzog. Auch dies eine späte Folge der französischen Kolonialpolitik, die den Libanon einst als Christenstaat und französische Einflusssphäre aus dem syrischen Gebiet herausgelöst hatte. Bashar al-Assad, der am 10. Juli 2000 die Nachfolge seines Vaters antrat, gilt als liberaler als dieser. Mit seinem Kampf gegen die Korruption erwarb er sich viele Sympathien bei seinem Volk, allerdings drohen die von ihm beabsichtigten Reformen stets am Widerstand der alten Garde zu scheitern. Immerhin aber gelang es ihm, das Parlament entscheidend zu verjüngen, und auch seine Beliebtheitswerte sind bedeutend höher als die des Vaters.

Ethnische Vielfalt

Die lange und abwechslungsreiche Geschichte des Landes hat eine unglaubliche ethnische und religiöse Vielfalt hervorgebracht, die für den Reisenden zuweilen verwirrend sein kann: Da verblüffen einen blonde grünäugige Männer im Straßenbild, die eindeutig Einheimische sind – bis man an das Kreuzfahrererbe denkt. Syrische Bekannte weisen einen auf verschleierte Prostituierte hin, die man nie als solche erkannt hätte. Man begegnet Frauen, die man wegen ihrer Gewandung und religiösen Strenge

Links oben:
Vogelfutter, sprich Knabberzeug, findet man überall. Hier auf dem Suq al-Jum'a (dem Freitagsmarkt) in der Nähe der nach dem islamischen Mystiker Muhi ad-Din ibn al-Arabi benannten Moschee in Damaskus.

Links unten:
Die aus Südarabien stammende Feige wurde in Syrien bereits vor sage und schreibe 11 000 Jahren kultiviert, ehe sie 900 v. Chr. nach Griechenland kam. Hier Exemplare der am besten frisch zu verzehrenden kleinen Baqrati-Feige auf dem Gemüsemarkt in Damaskus.

als Islamistinnen bezeichnen würde, die sich bei näherer Bekanntschaft als überaus gebildet, mehrsprachig, emanzipiert und kritisch erweisen. Man begegnet Barbie auf syrisch, süß, keck und mollig, mit knielanger blondgefärbter Mähne und bauchfreiem Top, die sich als Drusin und Zweitfrau eines Fotoladeninhabers sowie junge Mutter entpuppt. Man erlebt hervorragende und alles andere als autoritäre Sprachlehrer, die bei Theodor W. Adorno und Alexander Mitscherlich in Frankfurt studiert haben, und Reiseleiter, die Leipzig aus ihren Studientagen besser kennen als mancher Leipziger. Die 20 Millionen Syrer sind ein überaus buntes Völkchen. Denn hier, wo sich wie in kaum einem anderen Land des nahen Ostens ideologische und religiöse Gegensätze auf engstem Raum summieren, lebt man in einer seit jeher multikulturellen Gesellschaft. Die Gegensätze aber, die Vielfalt der Bekenntnisse hat die Menschen tolerant gemacht; Fanatismus und Extremismus haben in Syrien keine Chance.

Seite 22/23:
Die Cafés gegenüber dem Eingang der Zitadelle von Aleppo laden nach dem Besuch der Festung zum Verweilen ein. Im vor einigen Jahren restaurierten Khan ash-Shouna dahinter kann man Goldschmieden, Teppichwebern und Keramikkünstlern bei der Arbeit zusehen.

Seite 24/25:
Himmel über der Wüste – und darunter Sand, Geröll und weiße Salzflächen. Regen fällt zwischen Palmyra und Deir ez-Zor am Euphrat nur im Januar, während die durchschnittliche Hochsommertemperatur bei über 40° C liegt und dabei an einzelnen Tagen die 50° C-Marke leicht überschreiten kann.

Perle des Orients und Ruinen – Damaskus und der Süden

Blick in die prächtige Qa'a oder den Empfangssaal des 1757 von der Familie Nizam erbauten gleichnamigen Hauses. Im Stil des osmanischen Barock mit geschnitzten Decken, Täfelungen und Marmorböden gestaltet, zeigt dieser Repräsentationsraum den typischen Brunnen ebenso wie die gepolsterten, an den Wänden sich entlangziehenden Diwane im erhöhten Teil.

Als die Geheimnisvolle, Lebendige, Perle des Orients und Paradies auf Erden wurde Damaskus gepriesen. 4000 Jahre Siedlungskontinuität und Begegnung der Kulturen – das alles verdankt die Stadt ihrer einzigartigen Lage in der Ghuta, der vom Barada bewässerten Oase, die offen nach Osten und Süden und kaum 100 Kilometer vom Mittelmeer entfernt, von jeher im Netz internationaler Handelsstraßen lag. Mit ihren Moscheen und reichen Innenhöfen, ihren Suqs und Sackgassen erfüllt sie noch heute romantische Vorstellungen von Orient und gilt als schönste Hauptstadt des Nahen Ostens. Neben der alten existiert eine moderne Millionenstadt mit hektischem Zentrum, volkstümlichen Vierteln an den Hängen des Hausberges Qasiyun und mondänen Diplomatenquartieren.

Fährt man von Damaskus nach Süden, so gelangt man in das sanft gewellte Wein- und Obstanbaugebiet des Hauran, jenes zur jordanischen Grenze hin karger werdende Basaltplateau, das sich im vulkanischen Jebel al-Arab auf bis zu 1800 Meter erhebt. In diesem seit Urzeiten besiedelten Gebiet, der einstigen Kornkammer der Byzantiner, haben sich in Städtchen wie Shahba oder Qanawat mehr römische Ruinen erhalten als in den Toten Städten des Nordens. Der dunkle Stein verleiht den Gebäuden und der ganzen Gegend ein düsteres Gepräge – was sich vor allem in Bosra mit seinem großartigen Theater nachvollziehen lässt. Wegen der seit dem 18. Jahrhundert hier eingewanderten ismailitischen Sekte der Drusen nennt man den Jebel al-Arab heute meist Jebel ad-Druz.

Nordöstlich von Damaskus erstreckt sich das Antilibanongebirge, das vom Tal des Barada – Damaskus' Lebensader und Lieblingsausflugsgebiet der Hauptstädter – in zwei Massive geteilt wird: den nördlichen Moses- (2659 Meter) und den südlichen Hermonberg (2814 Meter) mit ihren einsamen Klöstern und dem hinreißenden Bergdörfchen Ma'lula.

Linke Seite:
Einen großartigen Blick auf Damaskus hat man vom Hausberg Qasiyun, der sich im Nordwesten der Stadt erhebt. Besonders schön ist die Aussicht in der Dämmerung, wenn die Stadt mit der abendlichen Beleuchtung zu glitzern beginnt.

Die von hohen Bäumen gesäumte Sharia al-Jala'a ist die Hauptdurchgangsstraße des über die Ausläufer des Jebel Qasiyun sich erstreckenden wohlhabenden Diplomatenviertels Abu Rumana, wo alles frischer, sauberer und glänzender ist als im Rest der Stadt.

Auf der Jisr ar-Rais (der Präsidentenbrücke), die sich in der Nähe des Nationalmuseums, vor allem aber des Bahnhofs für die – einen Großteil des Personentransports bewältigenden – Kleinbusse befindet, herrscht immer reger Verkehr.

Unten:
Der ostwestlich orientierte Innenhof der 705 begonnenen Omayyadenmoschee in Damaskus wird auf der Mekka zugewandten Südseite vom lang gestreckten Gebetssaal begrenzt, an allen anderen ist er von zweigeschossigen Arkadengängen umschlossen. Im Zentrum des Hofs steht der Waschungsbrunnen (rechts), davor ein Pavillon aus dem 18./19. Jahrhundert. Über dem Dach der Moschee ist die Spitze des Westminaretts zu erkennen.

Rechts oben:
Der Reinigungsbrunnen im Vordergrund wird vom Giebelanbau des Transsepts überragt, welcher die Mittelachse des Gebetssaales betont. Besonder schön sind seine teilweis originalen, teilweise nac der Brandkatastrophe vo 1402 ergänzten Gold grundmosaiken

Rechts Mitte:
Vor allem am Freitag ist der Moscheehof ein beliebtes Ausflugsziel. Immer aber geht es – ob man sitzt, plaudert, spielt, schläft oder Händchen hält – überaus entspannt zu.

Rechts unten:
An der Nordseite der Omayyadenmoschee befindet sich neben dem Touristenportal auch der Eingang zum Saladin-Mausoleum mit den „zwei“ Sarkophagen des 1193 in der Damaszener Zitadelle verstorbenen Siegers über die Kreuzritter. Kaiser Wilhelm II. ließ das verfallene Bauwerk nach 1898 restaurieren.

Rechts:
Die Sayyida-Zeinab-Moschee in einem südlichen Vorort von Damaskus stellt mit ihren blaugrünen Kacheln, der goldenen Kuppel und den freistehenden Bleistiftminaretten einen seltsamen architektonischen Fremdkörper in Syrien dar.

Unten:
Als Pilgerort für schiitische Gläubige aus dem Iran, Irak und Libanon, die hier das silberne Grab der Prophetenenkelin und Tochter des Kalifen Ali besuchen, ist Sayyida Zeinab von höchster religiöser Bedeutung.

Oben:
Der Gebetssaal der Großen Moschee ist eine von 22 Arkaden getragene dreischiffige Halle, deren Schiffe in westöstlicher Richtung und damit quer zur Gebetsrichtung (Mekka liegt im Süden) verlaufen.

Links:
Die Moschee der Tekkiye as-Suleimaniya (hier der Eingang), ist Teil eines Baukomplexes, mit dem sich Sultan Suleiman der Prächtige 1560 als Wohltäter mittelloser Pilger zu verewigen suchte. Der Architekt Sinan vereinigte darin syrische Elemente wie den Ablaq-Stil (mehrfarbiger Steinlagenwechsel) und den wabenartigen Muqarnas-Dekor mit der Zentralkuppel und Bleistiftminaretten der Osmanen.

Linke Seite:
Die kleine Altstadtgasse zwischen Gerader Straße und Bab as-Saghrir zeigt die typischen schmucklosen Lehmfassaden orientalischer Stadthäuser, die, die Schätze in ihrem Innern misstrauisch verbergend, sich mit ihren osmanischen Holzbalkonen einander zärtlich zuneigen, als hätten sie sich ein Geheimnis anzuvertrauen.

Das Bab as-Salam ist unter den heute noch sieben erhaltenen Stadttoren das am besten erhaltene. Im Norden der in der Hauptsache aus dem 13. Jahrhundert stammenden Stadtmauer gelegen, ist es ein schönes Muster ayyubidischer Festungsarchitektur.

Nicht nur solche dreirädrigen Gefährte sind in der Altstadt unterwegs, auch teure Karossen kreuzen auf engstem Raum oder parken in Millimeterabstand von den Hauswänden, so dass angesichts der zerschrammten und zerbeulten Wägen die Besorgnisse deutscher Autobesitzer doch recht kleinkariert wirken.

Al-Madinat al-Quadima – In den Altstädten von Damaskus und Aleppo

„Mir ist auch, als sei Damaskus ... die alte Stadt ... mit mir verbunden wie jene Jasminranken, die sich an das wurmzerfressene Holz des Treppengeländers unseres hohen weinüberwachsenen Hauses krallen. Damaskus durchzieht mein Leben, wie dieses Gewächs die Mauern ... und Häuser unseres Viertels.“

In immer neuen Vergleichen beschwört Siham Tergeman in ihrem Buch „Ya Mal ash-Sham“ (O Reichtum von Damaskus) die Liebe zu ihrer Heimatstadt. Damaskus, die mit 4000 Jahren älteste Stadt der Welt, in der sich aramäisches, hellenistisches, römisches, christliches und islamisches Erbe überlagern, mag zwar nicht das „Paradies auf Erden“ sein, als das es der andalusische Reisende Ibn Jubair einst pries, entfaltet aber in seinen alten Vierteln noch immer einen Zauber, dem sich keiner entziehen kann. Neben der mächtigen Zitadelle führt der Suq al-Hamidiye, eine überdachte Basarstraße mit glitzerndem Kleider- und Souvenirangebot, direkt ins Herz der Altstadt. Rechts und links zweigen Gassen in die Suqs für Haushaltsbedarf, Teppiche oder Messingwaren ab, wobei besonders der Suq al-Bzuriye mit seinen bunten Gewürzpyramiden und Parfümdüften die Sinne erfreut. Am Ende der Passage tritt man zwischen den Säulen des römischen Jupitertempels wieder in die blendende Helle hinaus, vor die Omayyadenmoschee, eines der großen Bauwerke des Islam, das al-Walid 705 auf den Resten der christlichen Johannesbasilika errichtete.
Rings um die Moschee finden sich Grabmedresen aus ayyubidischer und mamlukischer Zeit, das Mausoleum des muslimischen Nationalhelden Salah ad-Din, oder die alten Khane, einst Pilgerherbergen, heute Lager oder Elendsquartiere. Eines der wichtigsten Bauwerke der Stadt ist das Bimaristan Nuri, ein Hospital, in dem man bereits vor 850 Jahren die Musiktherapie erfand.
Östlich der Moschee führt die schmale Qaimariya-Gasse zum Christenviertel Bab Tuma mit seinen vielen Kirchen, Weinläden und Bars. Manche Handwerkerfamilien fertigen hier seit mehr als hundert Jahren nach denselben Modellen die mit Perlmutt und Elfenbein eingelegten Möbel an. Parallel dazu verläuft südlich der Moschee der Suq Medhat Basha, die einstige römische „Via recta“, in die „der Herr“ laut Apostelgeschichte den Ananias schickte, um den noch blinden Saulus zu heilen, und die einst Christen- und Judenviertel trennte.
Im Shaghur-Viertel westlich davon liegen mehrere jener bezaubernden Häuser mit ihren von Zitronenbäumen beschatteten Innenhöfen und plätschernden Brunnen, mit geschnitzten Decken, Mosaikböden und kunstvollen Möbeln, die zu den schönsten Hervorbringungen des osmanisch-damaszenischen Barock zählen und deren Höhepunkt der Azem-Palast des gleichnamigen osmanischen Gouverneurs darstellt. Schon seit den 1980ern wurden einige davon renoviert, seit einigen Jahren aber vollzieht sich ein rasanter Wandel und immer mehr dieser einst verlassenen Häuser werden liebevoll wiederhergestellt und zu Restaurants oder Hotels umgebaut.

Immerwährende Rivalin

„Halab au la?“ (Hat er denn schon gemolken?), sollen die Leute einst gefragt haben, denn am Zitadellenhügel, heißt es, habe Abraham, seine Schafe geweidet und gemolken und Aleppo so zu seinem arabischen Namen Halab verholfen. Tatsächlich aber ist die uralte Handelsmetropole und immerwährende Rivalin von Damaskus sogar noch älter, gehört wie Damaskus zu den am längsten kontinuierlich bewohnten Städten der Welt und gilt nach einem syrischen Sprichwort als die Stadt „deren Einwohner“ – anders als die weibischen Damaszener – „wie Männer sprechen“. Ob dies dem kriegerischen Geist geschuldet ist, der sich in der Zitadelle von Aleppo, diesem Glanzstück mittelalterlicher Festungsarchitektur, spiegelt, oder der geschäftigen Hartnäckigkeit der aleppiner Handwerker und Händler, sei dahingestellt. Handel und Wandel spielen an diesem Drehkreuz zwischen Europa,

Ganz links:
Das 1171 erbaute Hammam Nur ad-Din mitten im berühmten Gewürzsuq von Damaskus gilt als schönstes historisches Badehaus der Stadt.

Links:
Ein Arabeskenboden aus Basalt und Marmor schmückt den Innenhof von Beit al-Aqqad, das einst einer wohlhabenden Tuchhändler-Dynastie gehörte und heute das Dänische Institut beherbergt.

Asien und Afrika seit jeher die entscheidende Rolle und verkörpern sich noch heute am besten in jenem mehr als zehn Kilometer langen vollständig überdachten Suq-Labyrinth zwischen Bab Antakya und Zitadelle, dem authentischsten Markt des Nahen Ostens. Im Bereich des Suq liegen mehrere Moscheen, darunter die Omayyadenmoschee als bedeutendste, ebenso wie zahlreiche Khane. Eine Besonderheit Aleppos sind die duftenden Olivenölseifen, wie sie in der Masbanat al-Joubaili noch immer auf traditionelle Weise hergestellt werden. Obwohl auch die Altstadt Aleppos seit den 1950ern unter Modernisierungsdruck und Verslummung litt, hat man 1986, als die UNESCO sie zum Weltkulturerbe erklärte, die Wende geschafft. Seit 1993 arbeitet die Deutsche Gesellschaft für Technische Zusammenarbeit gemeinsam mit der Kommune Aleppo an der Erhaltung dieser einzigartigen historischen Hinterlassenschaft.

Oben:
Eine Altstadtgasse in der Nähe des Restaurants Beit Jabri, mit dem 1996 der Trend der Restaurierungen alter Stadthäuser und ihrer Umwandlung in Restaurants oder Hotels einsetzte.

Rechts oben:
In den Ateliers und Werkstätten von Altdamaskus wie dieser Schreinerei in der Geraden Straße kann man den Handwerkern über die Schulter blicken.

Rechts Mitte:
Das Gassenlabyrinth des Suqs von Aleppo, das zum geringeren Teil aus dem 13., zum überwiegenden Teil jedoch aus dem 16. bis 19. Jahrhundert stammt, ist immer noch das Haupthandelszentrum der Stadt.

Rechts:
Tabletts, Spielbretter, Kästchen, Laternen, Bilderrahmen – alles, was syrische Kunsthandwerker aus Holz, Messing und Kupfer herstellen, bietet dieser Laden in der Geraden Straße.

Rechts: Nördlicher Empfangssaal des Beit al-Aqqad in Damaskus, der vom Dänischen Institut für Kultur und Wissenschaft in den Jahren 1996 bis 2000 mustergültig restauriert wurde.

Unten: Das Büro der Familie Kayon im Baumwollsuq kombiniert bequeme westliche Sitzmöbel mit verschwenderischem syrischen Wohndekor.

Oben:
Ein schönes Beispiel für die Wohnkultur des 18. Jahrhunderts bietet auch der Palast der Familie Nassan einen Steinwurf nördlich der Geraden Straße und des Stadttors Bab Sharqi in Damaskus. Das Kühle spendende Wasserbecken bildet das Zentrum jedes Innenhofs.

Links:
Edelste geschnitzte Wandvertäfelungen sowie mit Perlmuttintarsien versehene Diwane schmücken den Qa'a (Empfangssaal) von Beit al-Aqqad.

Linke Seite:
Das prachtvolle Beit Anbar in Damaskus gilt als gelungene Synthese syrischer und italienischer Stilelemente. Das vom jüdischen Händler Yusuf Anbar in der zweiten Hälfte des 19. Jahrhunderts erbaute und später von den Osmanen enteignete Palais beherbergte das erste Gymnasium der Stadt und dient heute als Verwaltungsgebäude.

Den schönsten aller Khane, ein Neunkuppelbau, in dem der syrische Ablaq-Stil eine grandiose, gleichzeitig abstrakte und ungeheuer lebendige Wirkung entfaltet, ist der Khan As'ad Pasha, den der bauwütige osmanische Gouverneur As'ad al-Azem 1752/53 am Suq al-Bzuriye errichten ließ.

An den drei begrünten Innenhöfen von Maktab Anbar, in denen um 1900 weibliche Internatszöglinge spazieren gingen, erfreuen sich heute die für die Erhaltung und Sanierung der Altstadt von Damaskus verantwortlichen Architekten.

Unten:
Der Empfangssaal von Beit Nizam in Damaskus, eines Palazzo wie aus dem Bilderbuch, der in seiner architektonischen Aufteilung dieselbe Gliederung aufweist wie der Azem-Palast und sich um zwei große Innenhöfe mit Orangenbäumen und Rosenbüschen gruppiert. Im 19. Jahrhundert beherbergte der Palast das Französische Konsulat.

Seite 44/45:
Die Sharia al-Qaimariya (Qaimariya-Gasse) ist – neben dem Suq Medhat Basha – die geschäftige „Hauptstraße" der Altstadt von Damaskus, die diese von der Omayyadenmoschee bis zum Bab Tuma an der Stadtmauer durchquert. Am schönsten ist der mit Weinlaub überrankte Teil zwischen Moschee und östlichem Tempeltor.

Rechts oben:
Die aufwendig geschnitzte und bemalte Holzdecke in Beit Nizam ist für einen solchen Patrizierpalast des 18. Jahrhunderts typisch.

Rechts Mitte:
Der syrische Regisseur Kokash bei Filmaufnahmen im Innenhof von Beit Sibai. Syrische Fernsehserien sind in der arabischen Welt für ihre historisch genaue und aufwendige Ausstattung bekannt.

Rechts unten:
Ein geschnitztes Holzportal öffnet sich auf den Innenhof von Beit Sibai, das übrigens während der 1990er-Jahre Wohnsitz des deutschen Botschafters war. Heute wird es hauptsächlich als Drehort für historische Filme und als stimmungsvolle Kulisse für offizielle Empfänge genutzt.

6

Links:
In den Verkaufsständen an den Seitengassen des Suq al-Hamidiye in Damaskus gibt es von der chinesischen Rolex-Kopie bis zu glitzernden Abendtäschchen alles, was man sich nur vorstellen kann.

Links Mitte:
Im wellblechüberwölbten Suq al-Hamidiye findet man nicht nur unzählige Souvenirläden, sondern auch einige der besten Adressen für Antiquitäten und Kunsthandwerk. Vor allem aber ist es das Terrain der Textilienhändler.

Links unten:
Am Beginn des Suq al-Bzuriye, der sich zwischen Omayyadenmoschee und Gerader Straße erstreckt und wo es alles gibt, was Nase und Gaumen begehren: Moschus, Amber und Rosenöl; Nüsse, Pistazien und Bitterschokolade mit Mandeln.

Rechts oben: *Die Sharia al-Qaimariya ist eine gute Adresse für den Teppichkauf – das Angebot ist nicht schlechter als im Suq al-Hamidiye, die Preise allerdings weit angemessener.*

Unten: *Kein Zentimeter bleibt ungenutzt: Gut bestückter Schuhladen im Suq al-Hamidiye in Damaskus und sinnfälliger Ausdruck des orientalischen „Horror vacui".*

Rechts Mitte: *Die mode- und gleichzeitig traditionsbewusste Damaszenerin besitzt zu jedem ihrer Ausgeh-Outfits das passende Kopftuch.*

Rechts unten: *Vor allem am westlichen Ende der Geraden Straße (Suq Medhat Basha) findet man noch viele Werkstätten und Läden, die Haushaltswaren für den alltäglichen Bedarf anbieten.*

Links:
Das traditionelle Teehaus ist nach wie vor den Männern vorbehalten, die hier Tawla spielen, plaudern und Tee trinken.

Links Mitte:
Frauen fühlen sich im Kreis von Familie und Freunden in den lauschigen Innenhöfen der Altstadtrestaurants sehr viel wohler. Nach dem Essen entspannt man bei „qahwa" und „argile" (Kaffee und Wasserpfeife).

Links unten:
Die Ruhe weg haben auch die drei Herren im Café an der Ostseite der Omayyadenmoschee.

Unten:
Verhungern wird man nirgends in Damaskus. Während die Spitzenküche allerdings eher in den modernen Vierteln anzutreffen ist, zeichnen sich die Restaurants der Altstadt – wie dieses in der Geraden Straße – durch stimmungsvolles Ambiente aus.

Linke Seite:
Ein willkommenheißendes Entree ist die halbe Miete – denn die Konkurrenz der Restaurants zwischen Suq al-Hamidiye und Bab Tuma in Damaskus ist groß.

Links:
Ein hübsches Restaurant mit europäischer und arabischer Küche ist das „Bab al-Hara“ (Tor des Viertels) an der Qaimariya-Gasse.

Seite 52/53:
Seit das 1737 erbaute und wunderschöne Beit Jabri in Damaskus während der 1990er-Jahre von dem tatkräftigen Raed Jabri restauriert wurde, verweist es als Restaurant, Galerie und seit einiger Zeit auch als Internet-Café auf eine beachtliche Erfolgsgeschichte.

Ganz links:
Mmm, appetitanregend, diese syrisch-europäische Fusionsküche mit leckeren Gemüse- und Spaghettihäufchen.

Links:
Hummus oder Mutabbal wird hier im Beit Jabri mit Minzezweig und Tomatenwürfeln serviert, immer aber mit reichlich Olivenöl.

Ganz links:
Sauer Eingelegtes wie Gurken, pink gefärbte Rettiche und Peperoni sowie Oliven gehören zu den Standardvorspeisen; frittierten Blumenkohl bekommt man seltener.

Links:
Auberginen gelten als Fleisch des armen Mannes und werden auch zu vielerlei Vorspeisen verarbeitet.

Rechts:
In der Bäckerei im Suq al-Jum'a im Muhi-ad-Din-Viertel hat man sich auf die Herstellung von Fladenbroten spezialisiert, die man auch gerne mit Za'tar, einer Mischung aus Gewürzen und Sesam, oder Schwarzkümmel bestreut.

Rechte Seite:
Gewürze, Heilmittel und Parfums gibt es zwar vor allem im Suq al-Bzuriye, doch da in Damaskus die einzelnen Gewerbezweige nicht so streng voneinander getrennt sind wie in Kairo oder Aleppo, findet man sie auch an anderen Stellen der Altstadt, wie hier in der Geraden Straße.

Rechts:
Beim Bäcker in der Qaimariya-Gasse in Damaskus gibt es die köstlichen Fatayer, längliche Brote mit mitgebackenem Belag aus Käse, Paprika, Spinat oder Hackfleisch.

Ganz rechts:
Vom mit Schwarzkümmel bestreuten Brotteig werden Portionen abgeteilt, und zwischen den Händen zu Fladen geformt.

Rechts:
„Ma'mul", ein köstliches, im ganzen Nahen Osten beliebtes Gebäck besteht aus einem zarten Butterteig und einer mit Rosenwasser versetzten Dattelfüllung.

Ganz rechts:
Klassisches Fladenbrot wird im Tannur, einem Lehmofen gebacken, wobei der Teig an die Ofenwand geklebt wird.

فلفل حب
الوقية ٧٠ ل.س
كزبرة ناعمة
و ٣٠ ل.س
قرفة ناعمة
و ٥٠ ل.س
حبة سوداء
الوقية ٤٠ ل.س

Tabbuleh und *Fattush* – Syrische Gaumenfreuden

Was für ein herrlicher Empfang! Eine Vorspeisentafel begrüßt die deutschen Sommer-Studenten im Goethe-Institut von Damaskus: *Tabbuleh* und *Fattush; Hummus, Mutabbal, Mhammara* und *Baba Ghanush*; neue Worte, Klänge und ungewohnte Geschmacksnuancen und Aromen wetteifern um die Aufmerksamkeit der Gäste, kitzeln und streicheln ihre Gaumen.

Vorspeisen, *Muqabbilat* oder *Mezze*, von denen es mehr als fünfzig geben soll und von denen ein guter Gastgeber mindestens zwanzig auf-zutischen hat, gehören zu den Köstlichkeiten, für die die syrische Küche auf der ganzen Welt berühmt ist: Knackige frische Salate und pikante Pürees (aus Kichererbsen, Sesampaste, Paprika, Joghurt, Walnüssen, gegrillter Aubergine) gehören ebenso dazu wie frittierte Falafel, mit Pinienkernen gefüllte Burghulhackfleischbällchen namens *Kibbe*, Käse-, Spinat- oder Fleischpastetchen, oder auch Weinblätter, die bleistiftdünn und exakt gerollt der Stolz jeder syrischen Hausfrau sind.

Eigentlich ist man danach schon fast satt – und als Vegetarier voll auf seine Kosten gekommen. Und das ist gut so, denn bei den Hauptgerichten – falls man überhaupt unterscheidet und nicht alles gleichzeitig auftischt – kommen die Fleischfans zum Zuge. Zarteste Lamm- und Hühnchenspieße (*Kebab*), in Joghurt und Gewürzen mariniert und auf Holzkohle gegrillt, werden mit Fladenbrot aufgetragen.

Beim westlichen Beobachter – ob er ein Restaurant besucht oder privat eingeladen ist – verfestigt sich alsbald der Eindruck, dass sich hier das ganze Leben um Essen und Trinken dreht. An jeder Straßenecke bietet ein Verkäufer Maulbeer-, Granatapfel- oder Tamarindensaft an, in jedem Laden muss man Tee oder Kaffee, türkisch, arabisch, süß, mittel oder bitter trinken. Es gibt Gerichte für jede Jahreszeit und jedes Fest (besonders natürlich für den Ramadan). An Aschura oder Neujahr kocht man etwas Weißes, damit es ein gutes Jahr wird. Auch alle wichtigen Ereignisse in einem Menschenleben werden von bestimmten Speisen markiert: Zur Geburt eines Sohnes brät man ein ganzes Lamm. Findet die Geburt im Winter statt, reicht man *Karawya*, ein warmes Getränk aus Milch, Gewürzen und Nüssen, im Sommer trinkt man Maulbeersaft, und beim ersten Zahn des kleinen Erdenbürgers isst man weißglasierte Mandeln.

Syrische Gastfreundschaft

Die Großzügigkeit eines Gastgebers bemisst sich an der Menge des aufgetragenen Essens und muss mindestens doppelt so groß sein, wie für die geladenen Gäste benötigt wird. Syrische Gastfreundschaft heißt, seinen Gast zu mästen. Das kann dazu führen, dass dieser schon zum Frühstück mit einem ganzen Tisch voller Speisen überwältigt wird: unter anderem diverse *Mezze*, Eier in allen Zubereitungsformen, Rosenmarmelade, Oliven, Hühnerherzen und vieles mehr. Einen Gast nicht ausgiebigst zu bewirten gilt als Schande, und ein Satz wie „Weniger ist mehr" klingt in arabischen Ohren absurd.

Dass die Damaszener Küche, wie Siham Tergeman in ihrem Buch „Daughter of Damascus" schreibt, „vielleicht die beste der Welt ist", liegt sicher auch daran, dass sich in dieser uralten Stadt so viele kulturelle Einflüsse vermischt haben und neben Hethitern, Assyrern, Babyloniern vor allem auch Römer, Griechen, Araber, Perser und Türken ein reiches kulinarisches Erbe hinterlassen haben. Die Grundlage dafür bildete die Gunst der Natur, Flüsse und fruchtbare Böden, die bereits vor 5000 Jahren den großflächigen Anbau von Getreide, Feigen und Granatäpfeln gestatteten, sowie die hier zusammenlaufenden Handelswege, auf denen Gewürze und Waren aus Asien, Afrika und Südeuropa in die Stadt gelangten.

Wenig mag es daher auch erstaunen, dass Abu Ishaq Ibrahim ibn al-Mahdi, Schöngeist, Gourmand und jüngerer Bruder Harun ar-Raschids, ausgerechnet hier in Damaskus in Zusammenarbeit mit seiner Sklavin und Konkubine, der exzellenten Köchin Badi'a, vor gut 1200 Jahren mit dem *Kitab at-Tabikh* das erste arabische Kochbuch konzipierte.

Zu den Spezialitäten Badi'as gehörten die Süßigkeiten. Und diese, die *Helawayat*, erfreuen sich in Syrien, wo es seit jeher süße Datteln und Feigen, Honig und auch früh das aus Indien eingeführte Zuckerrohr gab, größter Beliebtheit und bilden einen wichtigen Bestandteil der kulturellen Tradition. Das Erfreuliche an den syrischen Süßigkeiten aber ist, dass all die *Baklawa* und *Knafa* durchaus nicht pappsüß und triefend daherkommen, sondern wie auch die herrlichen *Barase* und *Ma'moul* unnachahmlich buttrig schmecken und so auch uns Europäern hervorragend munden.

Links:
Der Syrer ist ein genussfreudiger Typus. Das Spiel macht in Begleitung der Wasserpfeife noch mehr Spaß.

Oben:
Baklawa (hier mit Pistazienfüllung) oder auch das in Syrien beliebte Kunafa (mit Käsefüllung) wird auf riesigen Blechen gebacken, in Rauten oder Dreiecke geschnitten und kiloweise verkauft.

Bilder rechts, von oben nach unten: *Syrische Vorspeisen sind häufig vegetarisch, aber deswegen noch lange nicht leicht.*

Olivenöl, Sesammus, Walnüsse oder Mandeln sorgen dafür, dass die vielen Gemüsepürees nicht nur einen runden Geschmack bekommen, sondern auch oft recht gehaltvoll sind.

Hummus, der Vorspeisenklassiker, wird in Beit Jabri ganz schlicht serviert.

Körner, Samen, Nüsse – wie hier auf dem Freitags-Suq in Scheikh Muhi ad-Din – sind allgegenwärtig und unverzichtbar, möglicherweise um dem Körper das durchs Schwitzen verlorene Salz wieder zuzuführen.

Oben:
Christliche Festtage wie der Weiße Sonntag werden in Syrien – wo der Glauben noch tief im Alltagsleben verankert ist – ganz traditionell und mit allem Pomp begangen. Monsignore Samir Nasser, seit 2006 Erzbischof von Damaskus, im Christenviertel der Hauptstadt auf dem Weg zur Kirche.

Rechts:
In einem Keller an der Sharia Hanania im Nordosten des Christenviertels befindet sich die Ananias-Kapelle, die als eine der ältesten christlichen Gebetsstätten gilt. Ob Ananias, ein früher Jünger, der nach der Apostelgeschichte dem erblindeten Saulus/Paulus heilend die Hand auflegte, tatsächlich in dem Haus wohnte, ist nicht verbürgt.

Oben:
Monsignore Samir Nasser mit den Erstkommunikanten in der Pfarrei St. Anton, der letzten maronitischen Gemeinde von Damaskus.

Links:
Maria und Jesus. Heiligenbilder wie hier in der Außenwand des Restaurants Vecchia Roma in der Rashad-Jabri-Straße, oder auch die Todesanzeigen von Mitbürgern mit Hinweis auf die Totenmesse findet man überall in Bab Tuma, dem christlichen Viertel von Damaskus.

Oben:
Die Paulus-Kapelle im mamlukischen Stadttor Bab Qaysan wurde 1939 erbaut und soll an Paulus' Flucht aus der Stadt erinnern, bei der seine Freunde ihn angeblich hier in einem Korb von der Stadtmauer hinunterließen.

Rechts:
Durch das Westportal des einstigen Jupitertempels am Ende des Suq al-Hamidiye geht der Blick auf das Madhanat al-Gharbiya, das Westminarett der Omayyadenmoschee, einen griechischen Wachturm mit einem Aufbau aus mamlukischer Zeit.

Links:
Blick auf das Westtor und ein Minarett. An dieser Stelle lässt sich die einstige Dreiteilung der antiken Straße in seitlich erhöhte Flanierwege und eine mittlere Fahrbahn noch erahnen.

Unten:
Im Rahmen der in den letzten Jahren unternommenen Renovierungsarbeiten hat man am vorher fast zur Kloake verkommenen Barada-Fluss diesen Garten angelegt.

Linke Seite:
Die torbogenartigen Durchgänge und über die Hausmauern hinausragenden osmanischen Holzbalkone sorgen dafür, dass es in den Gassen der Altstadt angenehm kühl bleibt.

Winzige Kabäuschen sind viele der Läden in der Altstadt, in denen ihre Inhaber von morgens bis in die Nacht ausharren. Manchmal kommt dann ein Freund zu Besuch, wie hier beim Nusshändler im Suq Medhat Basha.

In der traditionellen Holzwerkstatt in der Bab Sharqi-Straße werden Haushalts- und andere Artikel für den täglichen Bedarf hergestellt.

Rechts:
Ein syrischer Scherenschleifer bei der Arbeit – oder „Die Entdeckung der Langsamkeit". Geselliges Beisammensein an der Geraden Straße.

Unten:
Kinder auf der von der Sharia Bab Sharqi abgehenden Hassan-al-Kharat-Straße, die nach einem Anführer des Widerstands gegen die Franzosen benannt wurde. Hinten an der Hauswand ein Plakat des allgegenwärtigen Präsidenten.

Oben:
Der Seniorchef dieser Holzwerkstatt – umrahmt von den Werkzeugen seines Handwerks sowie von einem an einem Nagel hängenden Jackett und Keffiye – kümmert sich inzwischen fast nur noch um den Papierkram und die Rechnungen.

Links:
Damaszener Kästchen und andere in der Sadaf-Technik (bei der Holz mit verschiedenfarbigen Edelhölzern, Perlmutt und Knochen eingelegt wird) verzierte Gegenstände sind das Hauptprodukt dieser traditionellen Holzwerkstatt im Christenviertel.

Oben:
Der Barada, der sich durch die Ausläufer des Antilibanongebirges nach Damaskus windet, ist das freitägliche Hauptausflugsziel der Großstädter und hat nicht nur lieblich saftige Flussufer, sondern auch so spektakuläre Durchbrüche wie diesen westlich von Suq Wadi Barada zu bieten.

Rechts:
Der auf 1500 Meter Höhe gelegene Ort Bludan, lange exklusiver Rückzugsort für wohlhabende Damaszener, wird im Sommer zunehmend von reichen Golfarabern frequentiert. Dies hat nicht nur fieberhafte Bautätigkeit zur Folge, sondern auch eine Vervielfachung der Einwohnerzahl.

Oben:
Der Kontrast zwischen schroffem Fels und fruchtbarer Ebene macht die Landschaft zwischen Damaskus und dem Antilibanon so reizvoll, die man dreimal die Woche mit einem vom Hedjas-Bahnhof startenden historischen Dampfzug erreichen kann.

Links:
Bei Ar-Rauda – was soviel wie Paradiesgarten bedeutet – entspringt in einer Ebene, die ihm ihre Fruchtbarkeit verdankt, der Barada, der in der Antike Chrysorhoas, „Goldfluss“, hieß.

Rechte Seite:
Im Qalamun-Massiv in den Ausläufern des Antilibanon befinden sich die christlichen Orte Ma'lula und Sednaya. Vor allem Ma'lula ist durch die Romane und Erzählungen des in Deutschland lebenden syrischen Schriftstellers Rafik Schami auch hierzulande Vielen ein Begriff geworden.

Jenseits der Jibal Sahiliya (der Küstenberge) und abseits des Orontestals gedeiht in der Landschaft zwischen Damaskus und Aleppo kaum etwas.

Jenseits des Küstengebirges, wo im Herbst, Winter und Frühjahr reichlich Regen und sogar Schnee fällt, wird es landeinwärts immer trockener, und es herrscht kontinentales Steppen- und Wüstenklima.

Seite 70/71:
Im Antilibanon-Gebirge liegt etwa 60 Kilometer nördlich von Damaskus an einem Steilhang das wohl malerischste Dorf Syriens, Ma'lula mit seinen leuchtend blauen Häusern, das vor allem wegen seiner Aramäisch sprechenden Einwohner und seiner christlichen Kirchen und Klöster berühmt ist.

Oben:
In diesem Steinbruch in der Nähe von Shahba nahe der jordanischen Grenze wird der Basalt abgebaut, dem die antiken Siedlungen ringsum und die ganze Landschaft des Hauran ihre düstere Ausstrahlung verdanken.

Rechts:
In den Schluchten rings um Dar'a, das einst ein Knotenpunkt der Hedjas-Bahn war, gibt es auch eine Eisenbahnbrücke, die Lawrence von Arabien vor mehr als 90 Jahren in die Luft gesprengt haben soll. Wenn die Kakteen blühen, sind sie hübsch anzusehen, doch man hüte sich vor den hauchfeinen Stacheln ihrer Früchte, die man nur schwer wieder los wird.

Links:
Steinig, karg und öde wirkt die Landschaft des Antilibanon zwischen Sednaya und Ma'lula zu Frühlingsbeginn.

Unten:
Vom Mar-Sarqis-Kloster, dem Kloster des heiligen Sergius mit seiner uralten Kirche, führt ein Fußweg durch eine Felsenschlucht bis zum Kloster der heiligen Thekla. Auf der rechten Seite kann man in den Felsformationen Höhlen entdecken, in denen einst Menschen lebten, ebenso wie eine Reihe von Felsgräbern. Auch die heilige Thekla zog sich nach ihrer geglückten Flucht in eine der Felshöhlen zurück, in der man sie später auch begrub und die heute zu einer Pilgerstätte geworden ist.

Unten:
Qanawat ist ein kleines Bauerndorf in der Nähe von Suweida. Sein sogenannter „Saray“ (Palast), der „Sonnentempel“ und die vielen in den niedrigen Häusern verbauten Spolien aber lassen die einstige Größe erahnen. Das antike Kanatha war einst Teil der römischen Dekapolis, eines Städtebunds, dem so bedeutende Zentren wie Gerasa (Jerash) oder Philadelphia (Amman) in Jordanien angehörten, versank in islamischer Zeit in Bedeutungslosigkeit und wurde erst im 18. Jahrhundert von Drusen wiederbesiedelt.

Rechts oben:
Drusen in ihrer traditionellen Kleidung in Shahba. Die Anhänger der ismailitischen Glaubensrichtung, sind im 18. und 19. Jahr-

hundert aus dem Libanon zugewandert. Ihren Namen verdanken sie Mohammed ad-Darazi (Mohammed dem Schneider), einem schiitischen Gelehrten.

Rechts Mitte:
Shahba mit seinem römischen Forum und seinem Theater, das von dem hier geborenen römischen Kaiser Philippus Arabs als Philippopolis neugegründet wurde, ist heute ein reines Drusendorf.

Rechts unten:
Drusischer Handwerker in seiner Reparaturwerkstatt, in der er Kaffeekannen, Gaskocher und Heizgeräte flickt und wiederherstellt.

Die ethnische Zusammensetzung der syrischen Bevölkerung aus Arabern, Kurden, Armeniern, Tscherkessen, Türken, Turkmenen und Juden ist genauso bunt wie die Vielzahl der Glaubensbekenntnisse, die neben Sunniten und Schiiten, den Sekten der Alawiten und Drusen auch etwa ein Dutzend christlicher Konfessionen umfasst. Im Alltag allerdings kommt eher anderes zum Tragen, etwa welcher Berufsgruppe oder sozialen Schicht man angehört, ob man Intellektueller ist oder Polizist, ob man Kulturschaffender ist oder Händler. Und natürlich gibt es ältere Herren zum Beispiel auf dem Suq al-Jum'a in Salihiya in Damaskus oder die zwei jungen Broteinkäufer. In der Altstadt von Damaskus arbeiten die Holzschnitzer ebenso wie der Kunstschreiner aus dem Christenviertel. Der alte Mann aus Deir ez-Zor mit seiner roten Kuffiye kann Beduine sein oder auch Bauer. Das junge Paar und die beiden Freundinnen wurden in den Ruinen des Simeonsklosters nördlich von Aleppo fotografiert, die junge Frau mit Kind in einem Hirtenzelt in der Nähe von Bludan im Antilibanon, und die beiden Kinder in Resafa, dem einstigen Sergiopolis, einer Ruinenstätte in der Wüste südlich von Raqqa.

Oben:
Das Theater von Shahba entspricht – trotz sehr viel bescheideneren Ausmaßen und der schlichten Gestaltung von Bühnenwand und Proszenium – in seiner Grundstruktur dem von Bosra.

Rechts:
Eines von drei spätrömischen Mosaiken in Shahba, die sich alle noch am Originalplatz befinden, da man das Museum über dem Fundort, den Fundamenten einer Villa, errichtet hat. Es zeigt die Liebesgöttin Venus/Aphrodite, die den Kriegsgott Ares becirct.

Oben:
Von der Kathedrale des antiken Bostra (Bosra) steht heute nur noch die Apsis und ein Teil der Westmauer.

Links:
Das römische Theater von Bosra gilt als eines der besterhaltenen antiken Monumente der Welt. Seine Anbauten beherbergen heute eine Jugendherberge mit düsteren Gängen.

Seite 80/81:
Von 1947 bis 1970 dauerte es, bis man die Cavea des Theaters von Bosra freigelegt hatte, die einst auf 37 Sitzreihen bis zu 15 000 Zuschauern Platz bot. Vermutlich im 2. oder zu Beginn des 3. Jahrhunderts n. Chr. erbaut, wurde es 1980 von der UNESCO zum Weltkulturerbe ernannt.

Dichte Wälder und „fränkische“ Burgen – Küste und Küstengebirge

Über den grünen Hängen des Küstengebirges thront beim Dorf al-Haffa die neben dem Krak vielleicht beeindruckendste Festung Syriens, die Saladinsburg, die nach ihrem Bauherrn, dem französischen Aristokraten Robert de Saône einst fränkisch Saona, arabisch Qal'at Sahyun hieß. Das erstaunlichste Merkmal dieser Burg aber ist ein 28 Meter tiefer, 16 Meter breiter und 150 Meter langer künstlicher Graben, der bewirkte, dass sie fast vollständig von Schluchten umgeben und daher praktisch uneinnehmbar war.

Mit ihren Sandstränden und steilen Klippen, Terrassenfeldern und Ölbaumhainen unterscheidet sich die Küstenlandschaft im Nordwesten so auffallend vom restlichen Syrien, dass man sich zuweilen eher im mediterranen Südeuropa wähnt. Im niederschlagsreichen Mittelmeerklima gediehen auf dem Jebel Anseriya, dem parallel zur Küste verlaufenden Alawitengebirge, einst dichte Ahorn- und Eichenwälder. Schon Ägypter und Mesopotamier deckten hier ihren Holzbedarf, während in der nach Süden hin breiter werdenden Küstenebene bis heute intensive Landwirtschaft betrieben wird.

Der Nähe des Meeres verdankt die Region nicht nur ihren frühen Reichtum durch Seehandel, sondern auch die vielfältigen kulturellen Einflüsse, die die jahrtausendelang um sie ringenden Assyrer, Seleukiden, Römer, Byzantiner, Muslime, Kreuzritter und Kolonialherren mitbrachten.

Lattakia im Norden, von Seleukos I. gegründet, verfügt über den einzigen Großhafen des Landes, über den drei Viertel der syrischen Getreide- und Baumwollexporte abgewickelt werden, und ist heute eine geschäftige, moderne und liberale Stadt. Nördlich davon liegt der Shatt al-Azraq, die blaue Küste, an der viele Syrer ihren Sommerurlaub verbringen, aber auch das berühmte Ugarit, wo man Tontäfelchen mit dem ersten Alphabet der Menschheit entdeckte.

Die Kreuzrittervergangenheit des Küstenstreifens wird in mindestens einem Dutzend von Festungsanlagen sichtbar, die im 11. Jahrhundert zunächst von lokalen Machthabern errichtet, im 12. und 13. Jahrhundert dann von „fränkischen“ Raubrittern und Ritterorden erobert und ausgebaut wurden, darunter so schöne Beispiele wie der Krak des Chevaliers oder Chastel Blanc von Safita. Tartus, der zweitgrößte Hafen, wurde von den Templern 1291 als einer ihrer letzten Posten in Syrien aufgegeben und rühmt sich mit der Kathedrale Nôtre Dame des schönsten Kreuzfahrerbauwerks des Orients.

Oben:
Der Krak des Chevaliers, dessen seltsamer Name sich vom altsyrischen „karak“ (= Festung) ableitet, gilt wegen seiner Größe und des hervorragenden Erhaltungszustands als Inbegriff einer Kreuzritterburg. Von 1150 bis etwa 1260 wurde die einstige Kurdenburg des Emirs von Homs zunächst vom Johanniter-Orden, später von Sultan Baibars weiter befestigt und ausgebaut.

Rechts:
Die 120 Meter lange Halle an der Westseite der Zitadelle war ganz offensichtlich ein Massenquartier, in dem die bis zu 1500 Soldaten starke Besatzung der Burg untergebracht war. Ein Backofen sowie ein Brunnen am Nordende lassen eine Küche vermuten.

Oben:
Die um 1150 erbaute romanisch-schlichte Burgkapelle an der Nordseite der Festung wurde, wie der Minbar (Predigtkanzel) mit seinem Treppenaufgang bezeugt, nach der Eroberung in eine Moschee umgewandelt.

Links:
Einer der schönsten Räume der Burg ist die auf den Burghof sich öffnende gotische Arkadenhalle, die den Vorraum des Rittersaals bildet. Mit ihrer Fensterfront, dem Kreuzrippengewölbe und sonstigem Baudekor gehört sie zu den besten Zeugnissen der Gotik im Nahen Osten.

Rechte Seite:
Das winzige Eiland Arwad vor Tartus (das übrigens der Stadt, die in ihren Anfängen Ant-Arados, also „gegenüber von Arwad“ hieß, den Namen gab) ist Syriens einzige Insel. Seine mittelalterliche Festungsanlage war die letzte Bastion der Kreuzritter, wo sie nach ihrer Vertreibung vom Festland 1291 noch ein gutes Jahrzehnt ausharrten, ehe sie 1303 endgültig verjagt wurden.

Das von Seleukos I. nach seiner Mutter Laodicea benannte Lattakia (arab. Al-Ladiqiye) ist heute eine aufstrebende Großstadt mit breiten Autostraßen und ausgedehnten Neubauvierteln, die vor allem von ihrem Hafen lebt.

Das einstige Fischerstädtchen Tartus ist durch den Ausbau des Hafens, ein Zementwerk am Stadtrand und eine hier endende Erdöl-Pipeline seit den 1970er-Jahren rasant gewachsen. Überall in der Altstadt aber finden sich, oftmals überbaute, Erinnerungen an die Kreuzfahrerzeit, darunter die 1123 begonnene Kathedrale Notre-Dame.

Oben:
Das Wadi al-Nasarah, das Tal der Christen, im Küstengebirge nahe der libanesischen Grenze gelegen, ist seit dem 6. Jahrhundert ein Zentrum der griechisch-orthodoxen Christenheit. Das Kloster des heiligen Georg (Deir Mar Jirjis; hier die 1857 erbaute Kirche) in Meshtaye ist neben dem Krak des Chevaliers ein beliebtes Ausflugsziel der Gegend.

Rechts:
Die neue Kirche von St. Elias liegt in der Nähe der Kreuzritterburg Krak des Chevaliers.

Links:
Die liebliche Landschaft in der Umgebung von Marmarita im Wadi al-Nasarah zieht viele Ausflügler an. Marmarita, das größte Dorf im Christental ist berühmt für seine guten Schulen und den alljährlich hier stattfindenden Karneval.

Unten:
Das 1929 von französischen Archäologen bei Ras Shamra entdeckte Ugarit gehörte zu den frühen Stadtstaaten Syriens, erlebte um die Mitte des 2. vorchristlichen Jahrtausends seine Blüte, ehe es im Ansturm der Seevölker um 1200 v. Chr. unterging. Den größten Ruhm erwarb sich die Stadt durch ein Tontäfelchen, in welches das erste Alphabet der Welt geritzt worden war.

Orontestal, Aleppo und der Norden – das historische Kernland

Ob Abraham hier einst seine Ziegen weidete oder ob auf dem Hügel ein hethitischer Tempel stand, wer weiß? Sicher ist, dass arabische und osmanische Herrscher auf dem künstlich geglätteten, 50 Meter hohen Felskegel zwischen dem 10. und 16. Jahrhundert einen Bau errichteten, der Harmonie und Größe ausstrahlt.

Die ältesten in Syrien ausgegrabenen menschlichen Überreste stammen aus dem Orontestal und sind eine Million Jahre alt. In dem Streifen fruchtbaren Ackerlandes, das Orontes, Kuwayk und andere Flüsse bewässern, wurden die Städte Homs, Hama und Aleppo errichtet, die mit mehr als 4000-jähriger Siedlungskontinuität den historischen Kern des Landes bilden. Homs und Hama gelten als die „Rivalinnen am Orontes", wobei sich Homs mit seiner Ölraffinerie zu einem der wichtigsten Industriestandorte entwickelt hat. Das schon in der Bibel erwähnte kleinere Hama ist eher für seine Gärten und vor allem die riesigen wimmernden Wasserschöpfräder, die Nauwa'ir, berühmt. Aleppo wiederum, einst Hauptstadt des Reiches Jamchad, macht schon in seinem Stadtbild mit dem labyrinthischen Suq und den vielen Karawansereien klar, was seine Bewohner umtreibt, und zeigt in Djdeida, wie reich seine Bürger damit wurden. Noch heute ist es der wichtigste Handelsplatz des Landes.

In der Ghab-Senke, dem breiten Orontestal nördlich von Hama, taucht unvermutet inmitten von sattgrünen Feldern eine antike Kolonnadenstraße auf. Apameia, von Seleukos I. im 2. vorchristlichen Jahrhundert gegründet, einst Verkehrsknotenpunkt zwischen Orient und Mittelmeer, beherbergte zu ihren besten Zeiten eine halbe Million Einwohner. Vor etwa 1200 Jahren ereilte sie dasselbe Schicksal wie jene etwa 700 sogenannten „Toten Städte" in den nördlichen Kalksteinmassiven Syriens, die zwischen dem 4. und 7. Jahrhundert durch Olivenkultur und Ölgewinnung aufblühten, um dann mit Beginn des islamischen Zeitalters und dem Wegbrechen der Handelskontakte nach Westen unterzugehen. Die schönsten dieser „villes mortes" sind Simeonskloster, Mashabbaq, Qalb Lhoze, Bara und Serjilla, die mit ihren Säulenbasiliken das hohe Alter dieses Landstrichs so beeindruckend bezeugen wie das unscheinbare Ebla mit seinen 20 000 Tontäfelchen.

Linke Seite:
Die gewaltigen Wasserräder (arab. Na'ura), die so herrlich knarren, wimmern, jaulen können, sind das Wahrzeichen der Gartenstadt Hama am Orontes. Schon vor 1500 Jahren wurde damit das Wasser des Flusses über Aquädukte auf die Felder und in die Häuser befördert.

Homs im fruchtbaren Tal des Nahr al-Asi (bzw. im Orontesbecken) und an der Hauptroute zwischen Damaskus und Aleppo gelegen, ist mit etwa einer Million Einwohnern nach Damaskus und Aleppo die drittgrößte Stadt Syriens.

In einem Teehaus in Homs genießen drei Freunde ihre Wasserpfeife. Die Stadt war im ersten Jahrhundert Heimat eines römischen Kaisers, heute kann man hier in freundlicher Atmosphäre, in Parks und Straßencafés wunderbar entspannen.

Oben:
Mit ihren 1,8 Kilometern Länge und 37,5 Metern Breite ist die Säulenstraße von Apameia länger und breiter als ihre Pendants in Palmyra und Antiochia und kündet damit unübersehbar vom Reichtum und der Macht einer Stadt, die von einem General Alexander des Großen gegründet worden war.

Rechts:
Hauptsehenswürdigkeit der Ruinenstätte Apameia ist der Cardo mit seinen teilweise tordierten Säulen, der von mehreren kleineren Decumani gekreuzt wird. Doch es gibt auch Überreste eines Theaters, das größer als das in Bosra gewesen sein soll, mehrere Tempel, Basiliken und Kirchen sowie ein Mosaiken-Museum.

Oben:
Auf einer fruchtbaren Hochebene gelegen, beruhte der Reichtum von Apameia schon immer auf den landwirtschaftlichen Produkten des Hinterlandes.

Links:
Seit den 1960er-Jahren gräbt eine Expedition unter der Leitung des Italieners Paolo Mathiae in Tell Mardikh, 55 Kilometer südlich von Aleppo, eine Stadt aus, die sich nach dem Fund von 19 000 Tontafeln in den 1970ern als das bereits aus akkadischen, ägyptischen und sumerischen Quellen bekannte Ebla erwies.

ألترا
صيدلية
PHARMACY

Linke Seite:
Aleppo, eine der ältesten kontinuierlich bewohnten Städte der Welt, gehört noch heute zu den offensten und lebendigsten Städten des Nahen Ostens. Das Leben auf der Straße, Einkaufen und Besorgungen machen – hier in der Neustadt westlich von Zitadelle und Altstadt – findet vor allem im Sommer häufig nach Einbruch der Dunkelheit statt.

Die Balkone des Restaurants in Aleppo kleben am Gebäude wie die alten osmanischen Holzbalkone, sind jedoch deutlich jüngeren Datums.

Im Straßenbild von Aleppo mischt sich ein wilder Mix an Stilrichtungen, repräsentative Gebäude der Kolonialzeit mit heruntergekommenen aus den 1950er- bis 1970er-Jahren und recht schmucken modernen Bauten.

Seite 98/99:
Der Burggraben, der Platz vor der Zitadelle und die angrenzenden Khans in Aleppo werden gegenwärtig einer gründlichen Reinigung, Erneuerung und Verschönerung unterzogen. Vom Minarett der Medrese as-Sultaniya überblickt man den neugestalteten Palmenplatz vor dem Toraufgang zur Zitadelle.

„Ohnegleichen und ohne Entsprechung unter den Zitadellen“ nannte der andalusische Reisende Ibn Jubair die Burg von Aleppo. Von der Festungsmauer blickt man auf die mächtigen und schön gestalteten ayyubidischen Torbauten sowie die sie verbindende Bogenbrücke hinunter.

Auf dem Hügelplateau der Zitadelle breitet sich ein weites Ausgrabungsgelände aus. Sehenswert sind vor allem das Portal zum Palast des Sultans al-Aziz Mohammed mit seinem Mukarnas, der rekonstruierte mamlukische Thronsaal, der restaurierte Hammam, die riesigen unterirdischen Gefängnisgewölbe und die Große Moschee.

Rechte Seite: Blick auf die Große Moschee der Zitadelle mit ihrem 20 Meter hohen quadratischen Minarett, das auch als Beobachtungsturm diente. Auf der Terrasse daneben hat man den besten Blick über „ash-Shahba“, „die Graue“ – wie Aleppo bei den Syrern wegen seiner grauen Kalksteinhäuser auch heißt.

Burgen und Klöster – mittelalterliche Relikte des Christentums

Syrien gilt als Herz Arabiens. Damaskus war vor 1350 Jahren die erste Hauptstadt eines islamischen Reiches. Wer aber das Land bereist – und ob es ihm dabei mehr um „Ruinen und Tote Städte" oder das quirlige Flair des heutigen Orients zu tun ist –, wird rasch und auf Schritt und Tritt feststellen, dass hier auch eine der Wiegen des Christentums steht. Unübersehbar wird dies beim Durchstreifen der Altstädte von Damaskus und Aleppo angesichts der vielen Kirchen, augenscheinlich ist es in den Ruinenstädten des Nordens mit ihren schönen Hallenbasiliken aus den ersten christlichen Jahrhunderten. Am anschaulichsten nachvollziehen und erleben aber lässt sich christliche Geschichte in den Kreuzritterburgen des Küstengebirges und den malerischen Klöstern aus dem frühen Mittelalter.

Etwa 60 Kilometer nordöstlich von Damaskus, in den Ausläufern des Antilibanongebirges, schmiegt sich Ma'lula, das vielleicht schönste Dorf Syriens und der Geburtsort des Schriftstellers Rafik Schami, terrassenartig in die Steilhänge des Kalamun-Massivs. Sein Ruhm gründet unter anderem auf dem neuwestaramäischen Dialekt, der „Sprache Jesu", die heute noch hier gesprochen wird. Vor allem aber besitzt Ma'lula zwei Klöster, das dem Märtyrer Sergios geweihte Mar Sarqis, dessen Kirche eine der ältesten der Christenheit sein soll (tatsächlich ergab die C-14-Datierung, dass das Holz der Tür 2000 Jahre alt ist), und das der Heiligen Thekla, die sich vor ihren heidnischen Häschern in genau jener sich jäh auftuenden Felsspalte verbarg, in der heute ihr Kloster steht. An ihrem Festtag im September geht es hier derart hoch her, dass sogar junge Muslime aus Damaskus zum „Christinnen-Gucken" herfahren, sprich, kommen, um sich am Anblick der „relativ" leichter bekleideten christlichen Mädchen zu erfreuen.

Einer spektakulären Lage erfreut sich auch das Nonnenkloster Sednaya hoch über dem gleichnamigen Dorf. Am schönsten, unzugänglichsten und kunsthistorisch interessantesten aber ist Deir Mar Musa, das einsam und auf 1500 Meter Höhe am Jebel Deir Atiye klebt und nach dem afrikanischen Fürsten Moses von Abessinien benannt ist, der um das Jahr 500 als Eremit hier gelebt haben soll. Das im 17. Jahrhundert aufgegebene Kloster wurde in den 1980er-Jahren von dem italienischen Jesuiten Paolo dell'Oglio wiederentdeckt und restauriert und dient heute als Meditations- und Begegnungsort für Christen und Muslime aus aller Welt.

Exzentriker unter den Heiligen

Ein wahres Kleinod und unbedingtes Muss jeder Syrienreise ist das Simeonskloster nordwestlich von Aleppo, das seinen Namen einem wahrhaften Exzentriker unter den Heiligen verdankt. Um 389 als Sohn eines Hirten geboren, empfand Simeon das Klosterleben als viel zu bequem und verfiel in seinem Bestreben nach Selbstkasteiung auf die Idee, auf einer Säule zu leben, die er – von seinen zudringlichen Verehrern angewidert – fortwährend erhöhte (zuletzt auf 18 Meter), um dann aus so luftiger Höhe auf die bis aus Europa herbeiströmenden Pilger hinunterzubrüllen und auf diese Weise seine letzten 30 Jahre zu verbringen.

Ein ganz anderes Kapitel christlicher Geschichte verkörpert sich in den Burgen, die nach 1095 – als Papst Urban II. zum ersten Kreuzzug zur Befreiung des Heiligen Landes aufgerufen hatte – von europäischen Rittern in den Küstengebirgen Syriens übernommen oder neu errichtet wurden. In diesen Festungen vereinigten sich Einflüsse des französisch-normannischen Burgenbaus mit Elementen byzantinischer Festungsarchitektur und islamischen Grundstrukturen. Aufgrund ihrer bedrohten Lage im fremden Land und weil sie so viele Truppen unterzubringen hatten, bauten die Ritterorden hier weit größere Burgen als in Europa. Und diese befanden sich noch in der Neuzeit in einem so phantastischem Erhaltungszustand, dass T. E. Lawrence, der spätere Lawrence von Arabien, zum Studium des mittelalterlichen Burgenbaus 1909 von Oxford nach Syrien reiste, um dort zu Fuß innerhalb von zwei Monaten sage und schreibe 37 Burgen zu besuchen. „Die schönste Burg der Welt, sicher die malerischste" war, wie er fand, der Krak des Chevaliers (auf arabisch Qal'at al-Hosn) westlich von Homs.

Zu den beeindruckenden Festungen gehören neben diesem und dem düsteren Qal'at Marqab

Links:
Bei der Restaurierung der Klosterkirche von Deir Mar Musa entdeckte man mehrere Freskenschichten in volkstümlichem Darstellungsstil, die aus dem 6. bis zum 12. Jahrhundert datieren.

Oben:
Nach dem Tod des Styliten St. Simeon errichtete die byzantinisch-orthodoxe Kirche rund um seine Säule eine gewaltige kreuzförmige Anlage aus vier Basiliken. Blick auf den Oktogonalhof und den Säulenstumpf in der Mitte.

bei Banyas auch der Qal'at Salah ad-Din (früher Qal'at Saône nach seinem einstigen Herrn Robert de Saône). Wobei diese Burg vor allem durch ihre Lage auf einem Bergrücken zwischen zwei steil abfallenden Schluchten berühmt ist. „The most sensational thing in castle building", lautete T. E. Lawrences lakonischer Kommentar – der wahrlich nicht unverdient war, denn eine der beiden Schluchten hauten und kratzten die Ritter eigenhändig aus dem Fels.

Rechts oben:
Unter den christlichen Kirchen von Homs lohnt vor allem die auf einen Bau des 6. Jahrhunderts zurückgehende Elian-Kirche. Der Sarkophag des Märtyrers Elian ist ein hoch verehrtes Wallfahrtsziel.

Rechts Mitte:
In der Bergeinsamkeit von Deir Mar Musa gehen heute viele junge Leute auf Sinnsuche und praktizieren den interreligiösen Dialog.

Rechts:
Wie ein Vogelnest klebt das Moses-Kloster am Fels und ist auch heute nur über einen Fußpfad zu erreichen.

Oben:
Stoffe über Stoffe, für Wäsche und Kleidung vor allem, findet man bei diesem Textilhändler im Stoff-Suq von Aleppo, in der Nähe des Khan al-Gumruk; im Laden dahinter stehen Rollen mit Bezugs- und Gardinenstoffen.

Rechts:
Im Suq von Aleppo, dessen Bausubstanz aus dem 13., vor allem aber aus dem 16. bis 19. Jahrhundert datiert, gibt es alles, was man für das tägliche Leben braucht, hier eingeschweißte Textilimporte aus China.

Oben:
Hier gehen Männer shoppen – Szene in einer der Haupteinkaufsstraßen des überdachten Basars von Aleppo.

Links:
Die berühmte Aleppiner Olivenölseife gibt es im Suq al-Attarin. Handgemacht und mit dem Aufdruck „Halab" versehen sind alle; ein gutes, mindestens drei Jahre gereiftes Seifenstück aber erkennt man daran, dass es außen Stumpfbraun, innen aber von einem herrlich intensiven Dunkelgrün ist.

Linke Seite:
Hier wird die Seife abgewogen, mit der schon Königinnen wie Zenobia, Kleopatra oder auch die von Saba gebadet haben sollen.

Na'im Kharban und Son Salem betreiben eine Metallwerkstatt; sie reparieren Töpfe und andere Metallgefäße, praktizieren also das alte Handwerk des Kesselflickers.

Alte Städte und Festungen – am Euphrat und in der Wüste

Blick auf den Tetrapylon mit seinen Säulen aus ägyptischem Rosengranit, der den Beginn des dritten Abschnitts der großen Säulenstraße von Palmyra markiert. Im Vordergrund das römische Theater, in dem im Rahmen des Palmyra-Festivals alljährlich Anfang Mai Musikaufführungen stattfinden.

Das fruchtbarste Gebiet Syriens ist die Jezira im Nordosten des Landes, eine grüne „Insel" zwischen Euphrat und Tigris, auf der man – archäologischen Erkenntnissen zufolge – vor 10 000 Jahren die Landwirtschaft erfand. Unzählige Siedlungshügel, der bedeutendste davon das 2800 v. Chr. gegründete Mari (Tell Hariri), zeugen noch heute davon, dass Nordsyrien zu den am dichtesten besiedelten Gebieten der Frühgeschichte zählte.

Am Euphrat, dem einstigen Grenzfluss zwischen Seleukiden und Parthern, Byzantinern und Sassaniden entdeckt der Reisende Reste einst mächtiger Festungen: etwa die von der palmyrenischen Königin um 272 erbauten Zwillingsburgen Halabiya und Zalabiya oder das vom Seleukos I. gegründete Dura Europos mit seinen imposanten, hoch über dem Euphrat-Ufer aufsteigenden Mauern. Qual'at Jaber, das auf seinen Bergkegel malerisch aus dem tiefblauen Assad-Stausee aufragt, ist eine spätere muslimische Burg.

In der südwestlich davon liegenden Badiyat ash-Sham, der syrischen Steinwüste, liegt in dem vor 1000 Jahren noch grünen und angeblich sogar bewaldeten nördlichen Teil die alte, schon in der Bibel bezeugte Stadt Resafa mit beeindruckend hoher Stadtmauer und einer Basilika, die als „Sergiopolis" ein wichtiges christliches Pilgerzentrum war und nach dem Mongolensturm (um 1260) endgültig verlassen wurde. Die Omayyaden errichteten hier Lustschlösser, das größte und am besten erhaltene ist Qasr al-Heir ash-Sharqi östlich von Palmyra, wo Märchenkalif Harun ar-Raschid einst auf die Jagd ging. Das Juwel der Wüste und Höhepunkt jeder Syrienreise aber ist und bleibt Palmyra, die Palmenstadt, deren elegante Kolonnaden, geheimnisvolle Grabtürme und beeindruckend geschlossener Tempelkomplex noch den heutigen Reisenden derart verzaubern können, dass er wie die Beduinen glauben möchte, sie sei nicht von Menschenhand sondern von Dschinnen geschaffen.

Linke Seite:
Abendstimmung am Euphrat bei Deir ez-Zor, das seit dem Altertum ein Verkehrsknotenpunkt zwischen Syrien und Mesopotamien und mit etwa einer halben Million Einwohnern die größte Stadt Ostsyriens ist.

Der im anatolischen Hochland entspringende Euphrat gehört zu den mythischen Strömen der Geschichte. Seit jeher Leben und Fruchtbarkeit spendend, ermöglichte er die Neolithische Revolution, die Entwicklung der Landwirtschaft, die zur Gründung von Kulturen und Städten führte, welche zu den hochentwickeltsten und prunkvollsten der Antike und des Mittelalters gehörten.

Die Hängebrücke über den Euphrat in Deir ez-Zor, 1931 von den Franzosen gebaut, ist heute nur für Fußgänger und Zweiräder zugelassen. Nachts wird sie hübsch illuminiert.

Oben:
Deir ez-Zor selbst besitzt keine Altertümer, der Hauptreiz der Stadt besteht in ihrer lebhaften Geschäftigkeit und ihrem Suq, Treffpunkt für die Beduinen der Wüste und die Bauern der Jezira, die hier ihre Produkte verkaufen und ihre Besorgungen erledigen.

Rechts:
Regelmäßig verkehrende Busse verbinden die einst an der Seidenstraße liegende Wüstenstadt Palmyra mit den drei westsyrischen Großstädten Homs, Hama und Damaskus.

Ganz rechts:
Das Pancake House ist eines der Lokale an der Hauptstraße von Palmyra und ganz auf den Tourismus ausgerichtet.

Oben:
Die kleine Stadt Al-Mayadin liegt auf der Strecke zwischen Deir ez-Zor und Dura Europos. Nicht weit von ihr ragt die Ruine der Burg Rahba auf, die im 13. Jahrhundert zum Schutz der Handelsroute am Euphrat vor Tartaren und Mongolen errichtet wurde.

Links:
Auf dem quirligen Suq von Deir ez-Zor verkauft dieser Gemüsehändler die erntefrischen Erzeugnisse des syrischen Zweistromlandes.

Rechts:
In der Jezira – hier zwischen Deir ez-Zor und Halabiya – und den Steppen Nordostsyriens ist alles noch sehr traditionell: die landwirtschaftlichen Methoden, die Kleidung, die Transportmittel, das ganze Leben. Auf dem Esel bringen diese Frauen das gesammelte Viehfutter nach Hause.

Unten:
Auf dem Weg von Deir ez-Zor nach Dura Europos hat man immer wieder einen schönen Blick über den schilfgesäumten Euphrat. Seine saisonalen Hochwasser überfluteten einst alljährlich die Flussauen mit fruchtbarem Schlamm.

Oben:
Nicht nur die Türkei streckt mit ihrem Südostanatolien-Projekt die Hand nach dem Wasser des Euphrat aus, auch Syrien hat durch den Bau des Assad-Staudamms die bewässerte Ackerfläche seit 1973 verdoppelt und nutzt die Wasserkraft zur Energiegewinnung. Der Auffüllung des Stausees fielen dabei zahlreiche bedeutende prähistorische Stätten zum Opfer.

Links:
Der Berg jedoch, auf dem sich die Burg Qal'at al-Jaber erhebt, ragt heute als Halbinsel aus dem Assad-See. Anders als die meisten syrischen Burgen ist sie nicht aus Stein sondern – im klassisch mesopotamischen Stil – ganz aus Ziegeln errichtet.

Unten:
Auf der Westseite des Euphrat, zwischen Raqqa und Deir ez-Zor, erhebt sich die eindrucksvolle Ruine der Festungsstadt Halabiya. Gemeinsam mit ihrer Zwillingsfeste Zalabiya am gegenüberliegenden Ufer wurde sie zwischen 266 und 270 n. Chr. von der palmyrenischen Königin Zenobia (deren Namen sie anfangs auch trug) gegründet, um den Schiffsverkehr auf dem Euphrat und die im Sommer entstehende Furt zu kontrollieren.

Seite 118/119:
Als Sergiopolis – als Stadt des christlichen Märtyrers Sergius – erlebte die uralte, schon in der Bibel erwähnte Stadt Resafa zwischen Aleppo und Deir ez-Zor ab dem 4. Jahrhundert einen starken Aufstieg. 616 begann der Niedergang, der im 13. Jahrhundert durch die Mongolenstürme vollendet wurde. Die seltsame Kraterlandschaft im Vordergrund rührt von der mittelalterlichen Bebauung mit den in Nordsyrien üblichen Bienenkorbhäusern her.

Rechts oben:
Die heute noch vorhandenen Reste – der Zitadelle, von Basiliken, Bädern, einem Forum und den Stadttoren – stammen jedoch aus dem 6. Jahrhundert, als Kaiser Justinian Halabiya zur Verteidigung der Ostgrenze gegen die Perser wieder aufbauen ließ.

Rechts Mitte:
Die Festung Dura Europos (Tell Salihiya) am Euphrat, die vom 3. vor- bis zum 3. nachchristlichen Jahrhundert im Brennpunkt des Geschehens zwischen Orient und Okzident stand, ist nicht wegen der Größe ihrer Ruinen bedeutsam, sondern weil man hier eine vollständige hellenistische Stadt ausgraben konnte, die einen Beurteilungsmaßstab für andere seleukidische Gründungen wie Apameia oder Laodicea bot.

Rechts unten:
Souvenirs, Postkarten und Bücher bietet dieser Verkaufsstand in der Nähe des Eingangs des Ausgrabungsgeländes von Dura Europos.

Links:
Der besterhaltene Sakralbau Resafas, die sogenannte Basilika A galt stets als Kirche des Märtyrers, bis eine 1977 gefundene Inschrift sie als Heilig-Kreuz-Kirche auswies. In die ursprünglichen Weitarkaden des Mittelschiffs fügte man aus statischen Gründen später zusätzliche Säulen ein.

Unten:
Auf dem Gelände von Resafa werden an den drei hier stehenden Basiliken und anderen Bauten im Zuge der laufenden Untersuchungen und Rekonstruktionen auch ständig Restaurierungsarbeiten durchgeführt.

Oben:
Mächtige Säulentrümmer liegen vor dem einstigen „Zentralbau" Resafas. Im Hintergrund erstreckt sich das Ruinengelände.

Oben:
Mehr als die Hälfte des syrischen Staatsgebiets besteht aus Wüste. Diese unwirtlichste Gegend des Landes, die Badiyat ash-Sham, mit ihren unerträglich heißen Sommern und dem seltenen und manchmal jahrelang ausbleibenden Regen lieben allein die „Badu“ (Beduinen).

Rechts:
Wer die syrische Wüste bereist, darf keine malerischen Dünen erwarten. Flache Lehmböden, Kieswüste und Steinpflaster beherrschen die Landschaft. Zu den wenigen Erhebungen gehören die Palmyrenischen Berge (Jebel Abu Rujmein).

Seite 124/125:
Qal'at Ibn Maan, die Festung des gegen die Osmanen aufbegehrenden Drusenemirs Fakhr ad-Din aus der libanesischen Sippe der Maan, überragt auf ihrem Burgkegel Palmyra und gestattet unvergleichliche Ausblicke über die Stadt, die Wüste und die Oase.

Links:
Schnurgerade führt die Straße nach Osten, kein Hindernis stellt sich ihr in den Weg. Bis Deir ez-Zor am Euphrat (also über 110 Kilometer) gibt es keine Oase und keine menschliche Siedlung mehr.

Unten:
Kamele sind – neben Schafen – auch heute noch der Reichtum der Beduinen, und zuweilen kann man entlang der Fernstraße Herden von bis zu mehreren Hundert Tieren entdecken.

Zenobia – Königin von Palmyra

„An Schönheit glich sie ihrer Ahnin Kleopatra, an Keuschheit und Tapferkeit aber übertraf sie jene Fürstin bei weitem. Zenobia galt als lieblichste wie auch heroischste Vertreterin ihres Geschlechts. Sie war von dunkler Gesichtsfarbe. Ihre Zähne schimmerten weiß wie Perlen, und ihre großen schwarzen Augen versprühten ein ungewöhnliches Feuer (...). Ihre Stimme war kräftig und wohlklingend. Bildung und Studium hatten ihren männlichen Verstand gestärkt und veredelt."

Wer war diese Zenobia oder Beth Zabbai, die einem Imperium trotzte? Wer war diese Frau vom östlichen Rande des römischen Reiches, die der britische Historiker Edward Gibbon – nach antiken Quellen – eineinhalb Jahrtausende nach ihrem Tod beschreibt, und von der wir aber, außer einem Münz-Profil (von dem vor allem eine große Hakennase in Erinnerung bleibt) keine Abbildungen besitzen.
Bei Zenobias Machtantritt 267 n. Chr. blickte Palmyra – die Palmenstadt, deren arabischer Name Tadmur lautet – bereits auf eine zweitausendjährige Geschichte zurück. Von Anfang an war die Oase ein wichtiger Handelsstützpunkt, was sie auch unter assyrischer, persischer oder seleukidischer Herrschaft blieb. Der kürzeste Weg von der syrischen Mittelmeerküste nach Mesopotamien, Persien, Indien und China führte nun einmal über Tadmur, und indem man Karawanen Wasser, Wegführer und bewaffnetes Geleit verkaufte und natürlich selbst Handel trieb, war man reich geworden.
Auch von der römischen Herrschaft, unter der Palmyra 129 n. Chr. zur „freien Stadt" und 212 zur „Kolonie" ernannt wurde, profitierten ihre Bürger, obwohl die Stadt – wie Plinius der Ältere schrieb – „ihr Schicksal (nun) zwischen den Reichen der Römer und Parther bestimmte", also in eine Randlage geraten war. Denn das Bedürfnis nach Konsum- und vor allem Luxusgütern aus der Machtzone des jeweils anderen – ob Sklaven, Gewürze, Seide, Brokat oder Purpur – war ungebrochen.

Ruhmreiche Geschichte

Als der Senator und Consul Odaenathus (semitisch: Odainat) Rom nach einem Machtwechsel in Persien gegen die aggressiven Sassaniden unterstützte und diese besiegte, erhielt er von Kaiser Gallienus den Ehrentitel „Corrector totius Orientis" und nannte sich selbst von da an König der Könige. 267 jedoch wurden Odainat und sein älterer Sohn Hairan ermordet, und seine zweite Gattin Zenobia trat auf den Plan, indem sie stellvertretend für ihren unmündigen Sohn Vaballathus (Wahballat) die Regentschaft übernahm. Mit ihr begann der ruhmreichste Abschnitt in der Geschichte der Stadt, der jedoch Episode bleiben musste und tragischerweise in den Untergang führte.
Ob Rom die Machtübernahme nicht akzeptierte oder Zenobia des Mordes an ihrem Gatten verdächtigte, ist Interpretationssache. Aus Meilensteinen, Münzprägungen und anderen Zeugnissen geht hervor, dass palmyrenische Truppen 269/270 zwei Feldzüge unternahmen, einen über Bosra nach Ägypten, den zweiten über Antiochien nach Kleinasien bis nach Ancyra und Chaldedon. Auch Propaganda wurde eingesetzt: die griechisch gebildete Zenobia, die den Sophisten Kassios Longinos als Berater an ihrem Hof beschäftigte, ließ sich nach der Eroberung Ägyptens – Legitimation erheischend – als „neue Kleopatra" feiern. Münzprägungen aus Alexandria und Antiochia, auf denen Wahballat als „rex" und „dux romanorum" bezeichnet ist, werden zuweilen als Aufstand gegen Rom gedeutet, doch zeigen sie zunächst auch das Porträt des Kaisers Aurelian und scheinen eher eine Partnerschaft zu proklamieren – die Palmyra dringend benötigte, da es sich – arabischen Quellen zufolge – zur damaligen Zeit mit einer Koalition arabischer Stämme in einem erbitterten Streit befand (erst 272 ist Zenobia auf den Münzen als Augusta bezeichnet).
Rom, das heißt der neue Kaiser Aurelian, empfindet Zenobias Kampagnen als gefährliche Revolte und schlägt zurück. Im Herbst 271 wird Ägypten, im Winter Kleinasien zurückgewonnen. Bei Emesa (Homs) kommt es zur Entscheidungsschlacht. Zenobia entkommt auf einem Kamel nach Palmyra, flüchtet, von den Truppen des Kaisers verfolgt, erneut, um von den Sassaniden militärische Hilfe zu erbitten, und wird dabei am Euphrat gefangen genommen.
Der Historia Augusta zufolge werden Zenobias Anhänger, wie der Philosoph Longinus, hingerichtet, sie selbst jedoch verschont und 274 im Triumphzug des Aurelian, mit goldenen Ketten gefesselt, durch Rom geführt. Später soll sie einen römischen Senator geheiratet und in einem Landhaus in Tibur (heute Tivoli) ihre Tage beschlossen haben. Zenobia überlebte – anders als ihre Heimatstadt –, falls die häufig als unzuverlässig gescholtene Historia Augusta denn recht hat, also durchaus als jene kluge Frau, als die Gibbon sie später porträtieren sollte.

Links:
Ein Antonian (Silbermünze des 3. nachchristlichen Jahrhunderts) der Zenobia als Augusta. Die Vorderseite zeigt das Profil der Königin mit der Aufschrift „Zenobia AVG", die Rückseite zeigt die Aufschrift Juno Regina sowie die Abbildung der stehenden Juno mit ihrem Attribut, dem Pfau, sowie Trinkschale, Zepter und Stern.

Oben:
So sagenhaft wie die Geschichte von Palmyras Aufstieg zu Reichtum und Macht und so faszinierend wie die hier stattgefundene Verschmelzung von hellenistischer und orientalischer Kultur – so bezaubernd und einzigartig sind heute noch die Überreste dieser wohl schönsten, größten und beeindruckendsten römisch-hellenistischen Ruinenstätte der Welt.

Rechts oben:
So – mit Brustpanzer, Helm und anmutig gehaltenem Pfeil oder Spielzeugspeer – phantasierte sich der verspielte Barock seine orientalische Rebellin gegen Rom zusammen. Gemälde der Zenobia von Carlo Antonio Tavella (1668–1738).

Rechts:
„Zenobias last look upon Palmyra" – lautet der Titel dieses Werks des Orientalismus des britischen Malers Herbert Gustave Carmichael Schmalz, das die tragische Niederlage der stolzen Königin beschwört.

Oben:
Das Zentrum des öffentlichen Palmyra bildete neben dem Marktplatz, beziehungsweise der Agora, das Theater der Stadt. Ehe man 1959 mit der Freilegung begann, hatte es Jahrhunderte lang unter einer meterhohen Sandschicht begraben gelegen.

Rechts:
Der Tempel des Baal-Schamin, eines syrisch-mesopotamischen Himmelsgottes, der in Palmyra mit Aglibol und Malakbel eine Götter-Trias bildete, befindet sich an einer Nebengasse der großen Säulenstraße. Zu Beginn des 5. Jahrhunderts wurde er in eine Kirche umgewandelt, was Restauratoren in den 1950er-Jahren jedoch wieder rückgängig machten.

Links:
Das fälschlicherweise Hadrian zugeschriebene Prachttor mit seinen feinen Bogenlaibungen markiert den Beginn der Kolonnadenstraße von Palmyra. Tatsächlich wurde es erst unter Kaiser Septimius Severus, in der Blütezeit der Stadt um 200 n. Chr., errichtet.

Unten:
Der Tempel des Baal-Schamin war zunächst das schlichte orientalische Hofheiligtum eines Beduinenstammes und lag außerhalb der Stadt. Später errichtete man Säulenhallen, den Tempel und einen weiteren Hof.

Seite 130/131:
Von der Burg des Fakhr-ad-Din hat man einen wunderbaren Blick auf das Tal der Gräber, wo sich vor den Hügeln mehrere Grabtürme erheben. Diese Turmgräber – die berühmtesten sind die Kithot, Yambliqu und Elabel – stellen eine spezifisch ostsyrische Bauform dar.

Linke Seite, oben und unten:
Die filigrane Dekorationskunst Palmyras vereinte griechische, hellenistische, iranische, römische und parthische Elemente, deren jeweilige Anteile nicht immer eindeutig auszumachen sind.

Links:
Der beeindruckendste Teil der Ruinen und der vollständigste Bau in Palmyra ist der Baal-Tempel, bestehend aus einem riesigen ummauerten Hof, dem Temenos (205 mal 210 Meter groß), und der Tempel-Cella. Die erhaltene Säulenreihe gehörte zu der die rechteckige Cella vollständig umgebenden Säulenhalle.

Register

ADANA
Içel
Iskenderun
Antakya
Mittelmeer
ZYPERN
Ugarit
Ras Ibn Han
Al-Ladiqiye
(Lattakia)
Jablah
1.434 m
Banyas
Qal'at Marqab
Tartus
Arwad
Amrit
Qal'at al-Hosn
Krac des Chevaliers
Tell Kalakh
Tarabulus
LIBANON
Balabakk
BEIRUT
Az-Zabadani
Nabi Habil
Saida
Marjiyun
Sayyida Zeinab
Al-Qunaytirah
Nawa
Izra
Shaykh Miskin
Haifa
ISRAEL
Dar'a
Irbid
Mafraq
Tel Aviv
JERUSALEM
AMMAN

TÜRKEI
GAZIANTEP
Sanliurfa
Kızıltepe
Cizre
Al-Malikiyah
Amudah
Al-Qamishli
Ayn al Arab
Jarabulus
Euphrat
Ras al-Ayn
Tall Abyad
Tell Tamir
Tall Brak
Azaz
Afrin
Akhtarin
Ayn Darah
Manbij
Qal'at Najim
Al-Hasakah
Barad
Jubb al-Khamis
Al-Bab
HALAB (Aleppo)
Bawda
Sarmada
Deir Hafir
Qal'at Sukkara
AL-MAWSIL (Mosul)
As-Safirah
Buhayrat al Asad
Qansarin
Saraqib
Qal'at Jabar
Ar-Raqqa
Ebla
Abu ad-Duhur
Ath Thawrah
Maarrat an Numan
Madin Jadid
Ar-Rusafa
Halabiya/ Zenobia
Zalabiya
Tell Shaykh Hamid
Qasr Ibn al-Wardan
As-Suwar
Shayzar
Isriyah
Khabur
Deir ez-Zor
Sabburah
SYRIEN
Hama
Karkisiyah
Qal'at Shamasis
Salamiyah
Al Mayadin
Qatna
Jebel Abu Rujmein 1.352 m
Homs (Hims)
Furqlus
Dura Europos
IRAK
Tadmur
Palmyra
Mari (Tell Hariri)
Qasr al-Heir al-Gharbi
Khan al-Hallabat
Abu Kamal
Hasayban
Qasr Yazid
Al Qaryatayn
Deir Atiye
Taqla
Dumayr
S y r i s c h e W ü s t e
Ar-Ramadi
JORDANIEN

Tee wird in allen arabischen Ländern rund um die Uhr serviert. Und nichts könnte dem Araber fremder sein als eine Teezeremonie. In Syrien geht man sogar so weit, den Zucker gleich mitzukochen.

Impressum

Buchgestaltung
www.hoyerdesign.de

Karte
Fischer Kartografie, Aichach

Printed in Germany
Repro: Artilitho, Lavis-Trento, Italien - www.artilitho.com
Druck und Verarbeitung: Offizin Andersen Nexö, Leipzig

ISBN 978-3-8003-4020-0

Unser gesamtes Programm finden Sie unter:
www.verlagshaus.com

Danksagung

Danken möchte ich insbesondere Herrn Volkmar Wenzel, Deutscher Botschafter in Syrien (2005 bis 2008), der mir das Land, die Kultur und seine Menschen auf einfühlsame und sympathische Weise näher gebracht hat.

Max Galli